QUIZ JAPAN 全書
06

東大生クイズ王
伊沢拓司の軌跡
II
～栄光と挫折を超えて～

まえがき

理想郷の向こう側を覗くために、どれだけの想像力が必要なのだろう。

振り返れば、前作『東大生クイズ王 伊沢拓司の軌跡I ～頂点を極めた思考法～』を上梓した後の四年間、その速度は、思っていたよりも遥かにすさまじいものだった。

二〇一五年、僕は大学三年生で、「クイズ王」と呼ばれるような立場からはずいぶん遠ざかっていた。そもそもテレビのクイズ番組があまりなかった時期だし、『頭脳王』にも一度しか出ていない。時たま特番に壁役として呼ばれる以外は仕事もなく、テレビに映らないオープン大会でも苦戦が続いていた。前作の出版に際して開催したトークライブも、お客さんはまばら。大学に行き、バイトをし、クイズをし、音楽をして、たまに数少ない友人と飲む。学生時代のありがちな日常として、二〇一五年は過ぎて行った。

しかし二〇一六年、状況は変化しはじめる。世に「東大生ブーム」なるものが興りはじめたのだ。特番シリーズ『さんまの東大方程式』などが火付け役となったこのブームにより、「東大」というキーワードがメディアで注目されはじめる。クイズの番組以外は出ないと決めていた当時の僕でも、その恩恵は十分に享受できた。まず『Qさま!!』に何度か呼ばれるようになり、続いて十月には特番『東大王』が放送され準優勝。高校時代以来久しぶりに、「クイズ王」としての仕事が始まった。

同年十月には、編集長を務めるウェブメディア「QuizKnock」が発足。その半年後にはYouTubeチャンネルを開設し、ありがたい忙しさが到来することになる。

しかし、変わったのは目に見えるところだけではない。むしろ外からはわかりづらい、僕を取り巻くクイズのほうが大きく変化したと言えよう。

僕はこの年、理想郷のその先へと連れてこられたのだ。

前作のまえがきでは、「早押しクイズの研究が進み、極限が見えてしまった」「その結果として理想的な早押しが具現化され、それを多く覚えるだけの消耗戦になっていった」ということを書いた。これが「渇いた理想郷」だ。

しかしその後、トップレベルのクイズは発展を続け、戦術は進化を遂げ、クイズの世界はより多様なものへと花開いていった。

プレイヤーたちが「渇いた理想郷」に疲弊していたのは事実である。そして、その疲弊が開拓へとつながった。いくつかの現象が同時に起こり、クイズの新たなる地平を拓いたのである。

・個別ジャンル大会の増加
・「クイズに問えること」自体の拡張

厳密さ抜きで挙げてしまえば、この二つが新しい段階へと至るきっかけだ。

二〇一六年、クイズのオープン大会は前年の六〇前後から一気に増え八〇大会超え。その増加分の多くが、芸能、スポーツ、アニメなど多岐にわたるジャンル別のナンバーワンを決めるイベントだった。「オールジャンルだと厳しいけれど、このジャンルなら負けないぞ！」という人のためのコンペティションが整備され、言い方は悪いが「オールジャンルの戦いはちょっと……」という人にもフィットする環境が整ったのだ。『ａｂｃ』などに代表される全ジャンルものの大会が高度化したことで、「このジャンルなら『ａｂｃ』みたいなことできるのにな一」という人の需要も喚起されたのかもしれない。いずれにせよ中心／周縁の区別は薄まり、クイズ界はより多様な需要に応えられるようになった。流行りのダイバーシティを先取りしたのである。

また、クイズ自体の幅もより広くなった。しかもそれは重箱の隅をつつきまわすような脇道への進化ではなく、可能性自体を広げ、出題されるジャンルの幅広さ・奥深さを楽しむような、意味のある拡大であった。今まで「これはクイズにしづらいなぁ」「今更こんなこと聞いてもなぁ」と考えられていた単語や知識に目が向けられ、ここ十年で飛躍的に向上した作問技術により具体化された。競技に適したソリッドな問題群を揃える力だけでなく、新しい、目の付け所の良い一問を生み出す力が評価されるようになった。

これらの進歩は、二〇一五年段階で僕が見ていた「荒野」に緑を取り戻した。いやむしろ僕が見ていたものが幻想で、すでに種は撒かれていたのかもしれない。多様化も、クイズの拡張も、それまでに準備してきた人は確実にいるはずだから。

いずれにせよ、僕が懸念していた「クイズの可能性が限界を迎えた」状態は今のところ来ておらず、より一層の発展を遂げていると言えよう。

そしてこの発展が、偶然ながら僕を利することになった。

ジャンル別大会の増加は、オールジャンルの大会にも「幅広いジャンルから偏りなく出そう」という意識を生んだ。そしてクイズに問われるモノが拡大したことから、既出問題やベタ問の練度を上げることの優位性が相対的に下がり、クイズにかけた時間の勝負……という要素は薄まった。それが当時の僕には好都合だったのだ。この変化に対応する努力を取り立ててしたわけではない。志向していた方向性がたまたま合致しただけだ。高校時代に比べたら努力量もめっきり減っていたのだから、本当にたまたま。ラフに言ったら、僕は自分が楽しいと思うクイズを追っかけていただけだ。


「クマ映画である『パディントン』と『TED』に共通する、主人公に襲いかかる災難は何?」

「映画を観に行き、丸亀製麺に行くととてもお得なのは毎月何日?」

「受験では「滑り止め」の、チョコレートでは「義理」の対義語になる言葉は何?」


二〇一五年の暮れに僕が作っていた問題である。韻文で言うならば破調。いわゆるテレビ的な、もしくは実力主義的な文脈にはそぐわない、粗を許容しつつ新規性を追い求めた作品群だ。しかし、幸運なことにこの「新規性」という傾向がハマった。時代を予見していたわけではなく、ただただ僕の周りにいた人たちが面白がってくれたから、その人たちに出すためだけに問題を作っていただけだったのだ。幸運としか言いようがない。

状況が変わり、風向きが利したことで結果はついてきた。二〇一六年には参加制限のまったくないフルオープンというカテゴリの大会で初の決勝進出。翌年には5回ほど決勝に進み、初の優勝も経験した。テレビでも『東大王』で優勝、この年だけで民放キー局すべての早押しボタンを押すという稀有な経験もさせてもらった。

もちろん、前回のあとがきを書いていた時期の苦悩や、高校時代からのスタイルチェンジが、時間をかけて定着し結果につながった面もあるかもしれない。しかし、それだけでは説明がつかないほどの強い実感で、「このフィールドならいける！」と確信できたのだ。

つまり、想像を超える「理想郷のその先」に連れてきてもらえたのは、いくつかの幸運が重なったからということになる。

では、なぜこのスタイルにたどり着いたのだろう。なぜ相対的に他の人と違うことを志向していたのだろう。

あまり振り返りたくなかったのだけれど、好調の中にいながら僕はその理由をハッキリと認識していた。

正攻法じゃ勝てないと思ったからだ。

高校一年生までの自分は、ひたすらクイズの王道を歩んだ。勝者から盗み、自分のメソッドに落とし込み、トッププレイヤーに師事し、仲間に還元した。多くの記録を作り、常に勝者として高いメンタリティーを維持しながらプレーした。

しかし、それは続かなかった。その後の僕は、悩みながらクイズをして、王道から逸れて、ある種の諦めを抱いてクイズに向き合うこととなった。悔しい経験を繰り返し、認めざるを得ない壁を感じた時、諦念は心に侵入してくる。自分の状況とヒロイズムが、さらにそのスピードを強める。努力から目を背けさせる。

そしていつしか、十六歳までに築き上げた方法論は僕のものではなくなっていた。

「勝負に勝つ方法は努力だけじゃないよね」みたいなことを言うつもりは毛頭ない。それは高校時代の自分を否定することにほかならないし、僕は正しく多く努力したものが勝つクイズが好きだ。自分の諦念も、風が向いてきた幸運も、あくまで事実を分析して述べたに過ぎない。

ただ、「クイズ王」が最強の称号なら、僕よりふさわしい人はたくさんいるのだ。

捉え方は二つあるだろう。

たとえ叶わぬことがあっても、別のところから道が拓けることもある。

たとえ成功を収めていたとしても、その方法論がより良いものであるとは言い切れない。

高校時代の挫折と二〇一六年からの成功をどう捉えるかは、僕自身でもハッキリしていないことだ。

だからこの本を読んでくださる読者の皆さんには、ここから書かれていることをどう捉えてもらっても構わない。先に提示した二つ以外でも良い。あくまでこの本は僕の挫折と諦念の記録でしかなく、何かを訴えかけたり主張したりするものではないのだから。

みなさんの解釈とは別に、確かなことは二つある。

この本が全体として「僕が苦しむ過程」を記録した、前作とはかなり異なったテイストのものであるということ。そして、色々ありつつも僕は依然としてクイズプレイヤーとして生きているということだ。

あまり読んでいて楽しい内容ではないかもしれない。内側の暗い気持ちや妬み、諦め、逃げといったマイナスな面も、ある程度正直に吐いたつもりである。現在テレビでよく見るクイズスターたちもあまり登場しない。『東大王』メンバーについても、水上とはこの本の段階では言葉を交わしていないし、鶴崎や光ちゃんに至ってはクイズを始めてもいない。それだけ時間は流れ、色々なことが変わったのだ。だからこそ、今ようやくしっかりと文に残して良いと思える気持ちになった、とも言える。フィクションではないのだから、他人に読ませるものにするには時間が必要だったのだ。正攻法を諦めた自分を客観的に見つめ、しぶしぶ認める段階に、僕は来た。

ようやっと人に見せられる程度に整理がついた、「坂を下る」僕の青春をちゃんと残したつもりである。他人に解釈してもらえるような状態にようやく落とし込めた。言い訳はもうない。どうぞ自由に読んでいただきたい。

そして、それでもなおクイズは楽しいと僕は言い切る。はっきりと宣言しておきたい。競い合うクイズは楽しい。なぜなら、『クイズ王』とはクイズを楽しみ尽くしたものの称号であり、僕はその点で自分が『クイズ王』であることを信じて疑わないのだから。

紆余曲折を経てなおこの結論に至るストーリーを、皆さんの楽しみ方で読んでいただければ幸いである。

二〇二〇年三月　伊沢拓司

《登場人物・クイズサークル紹介》

【主な登場人物】

伊沢拓司……書き手本人。この本では開成高校二〜三年生。

大場悠太郎……開成高校でのひとつ先輩。中学時代から部を引っ張り、二〇一〇年には共に『高校生クイズ』を制す。翌年も伊沢と同じチームに。

田村正資……開成高校での二つ先輩。『高校生クイズ』初出場の二〇〇九年にイケメン田村旋風を巻き起こし、翌年伊沢・大場と共に優勝。

鈴木耀介……開成高校での同期。高校入学組ながらメキメキと力をつける。二〇一一年の『高校生クイズ』に伊沢・大場とのチームで出場。

島田翔平……開成高校での同期。中学時代からしのぎを削るライバルであり盟友。高校クイズ界きっての難問派。

青木寛泰……ひとつ後輩。中学時代から非凡な努力で様々な最年少記録を作り上げてきた。

太田凌介……ひとつ後輩。中学二年生でオープン大会で優勝するなど、幅広い知識で結果を残し若くして高校クイズ界を席巻。

安達光……伊沢の四学年年上の開成高校OB。情報集めと後輩強化に奔走した、開成クイズ研黄金時代を支えた立役者。プレイヤーとしても第一線で活躍。

岡崎遼……早稲田高生で同い年。中学一年生からライバルとしてしのぎを削り続けた。

佐谷政裕……早稲田高生でひとつ上。同じ「短文クイズサークルA(あ)」に所属する仲間であり、関東の様々な大会で戦ってきた相手。高校クイズ界屈指のスピードスター。

大美賀祐貴……早稲田高校から早稲田大学に進学、伊沢の4つ上の代。「A(あ)」の先輩であり、中学生の頃から面倒を見てくれた兄貴分。

隅田好史……東海高校から京都大学に進学、伊沢の４つ上の代。『第28回高校生クイズ』では安達らを擁する開成を決勝で倒し優勝した。大美賀と共に高校時代から第一線で活躍する猛者。

鵜飼康平……灘高生で同い年。中学時代からの付き合いで、『第31回高校生クイズ』には灘チームのリーダーとして出場。

李泰憲……灘高生で同い年。同じく中学時代からの付き合いで、『第31回高校生クイズ』に灘チームとして出場。

鈴木淳之介……『第31回高校生クイズ』に出場した札幌南高校のリーダー。クイズを始めて間もない中で全国の切符を掴む。その強さは大会前から噂になっていたほど。

猪俣陽……『第31回高校生クイズ』に出場した会津学鳳高校チームのリーダーで、年齢はひとつ下。開成高校宛に手紙をくれた縁で大会前から対策を共にした。

重網孝祐……『第30回高校生クイズ』に出場した旭川東高校チームのリーダー。高校卒業後も『高校生クイズ』出場者をサポートしていた。

ヤン……フリーの世界史講師。開成高校チームを陰ながらサポートする。

富田秀樹……『高校生クイズ』の名物プロデューサー。主に参加する高校生の面倒を見る。

【所属サークル】

短文クイズサークルＡ（あ）……伊沢が所属する社会人クイズサークル。年齢層は比較的若めで、青木や太田も参加。各世代のスピードスターたちが集まる。

玉Ｑ……埼玉クイズ愛好会。少人数で一日ひたすら早押しを楽しむ社会人サークル。育ての親的存在。主催は市川尚志さん。

目次

第5章

高校二年生 — 葛藤

（2011年4月～2012年3月）

暗かった春

東日本大震災からしばらくの間は、毎日がどこかざわついていた。計画停電の日程や電車の仮ダイヤを調べる、イレギュラーな日々。被災した地域とは比べ物にならないが、不安が付きまとう生活がしばらく続いた。

あわただしい日々の中、三月の末には『高校生クイズ』優勝の副賞である研修旅行でフランスとイタリアに赴いた。フランスに着いて最初に目に飛び込んできたのは、ニュース雑誌の表紙に掲げられた、煙を出す福島第一原発の写真。優勝した三人にガイドさん一人という少人数構成だったこともあり、なんだか僕たちだけ日本から逃げ出してきたような、どこか後ろめたい気持ちを抱えながらの旅行になった。

クイズ界でも、開催が予定されていた大会は軒並み延期となり、プレイヤー同士が顔を合わせる機会も減っていった。開成の部活も春休みいっぱいは中止になり、僕はクイズから離れた生活を送った。

これまでで一番の気合で準備していた『ａｂｃ』。その中止という事実が僕の心に重い雲を滞留させた。震災による被害の大きさを前にすると、『ａｂｃ』中止について触れづらい雰囲気があった。中止自体は当然の英断だったが、一年の総決算の場をみなが失ったのも事実だった。

今年の『ａｂｃ』で卒業となった大学四年生は、きっと辛い思いでこの時期を過ごしていたのだろう。無論ほかの参加者も、この舞台を心待ちにして爪をといできていた。その悔しさを、みなが押し殺していただろう。その上で、みなが当然に中止を受け入れ、決断を称賛した。東北の参加者たちはそれどころではなかっただろうし、震災後一ヶ月は日本中、クイズより優先すべき問題がいくつも降り積もってくるような状況だった。

しかしその裏で、高校クイズ界で一番『ａｂｃ』を待ち望んでいたのは自分だと、当時の僕は不遜にも思っていた。思ってしまっていたのだ。

このころの高校クイズ界にとって、大学生も参加する『ａｂｃ』は「目立てたらいいな」程度のものであった。そもそも倍率十倍を超える一回戦を通過したことのある高校生自体が少ない。彼らの対策の主眼は「一回戦を抜けること」。それに対し、前年の一回戦で八位を取った僕が目指す場所は、そのはるか上だった。一桁順位は当たり前、決勝まで狙うつもりでやっていた。直前の学生大会も優勝している。かつてない下剋上を起こすつもり満々だった。

でも、もうどうしようもない。こんな状況で『ａｂｃ』を望むこと自体おかしなことだ。そのことは当然納得したことだ。そう思って、いろいろなものを心にしまい込んだ。そんなジメジメを溜め込むうちに、心の中の雲はどんどんと広がっていった。

　四月になると、開成生にとっての最重要イベントである運動会の準備が始まった。委員会の幹部になっていた僕は、運動会関連の仕事に忙殺されて四月・五月を過ごし、クイズに触れる機会のないままに更なる時間が流れた。いや、機会がないというよりは、機会を作る気力がなかったのかもしれない。

　クイズを始めてからの四年間で、最も気合を入れて対策した三月。その最大の目標である『ａｂｃ』が震災で延期となってしまったことで、風船がしぼむように、熱い気持ちは冷めてしまった。忙しさに身を任せたまま、僕は周りに後れを取ることになる。

　運動会終了後もしばらく後処理に追われていた僕は、クイズ研の部長であるにもかかわらず、この年の新歓活動に加われず、青木寛泰と島田翔平に部員育成などを丸投げしていた。

　そんな僕をよそに、開成クイズ研は一層大きくなっていく。『高校生クイズ』優勝という実績をうまく活かした勧誘も功を奏し部員数はかなり増加、早押し機が足りなくなるほどだった。去年入った加瀬主税や池内敦といった中学生、大川和輝・鈴木耀介らの高校生は他校との例会でも順調な活躍を見せており、開成の黄金期はまだまだ続くだろうと思える充実ぶりだった。

　実際、この年には水上颯が入部している（申し訳ないことに当時の印象や記憶はないが）ので、歴史は連綿と紡がれている。

部活の中で最高学年になっていた僕たち高校二年は、後輩たちに機会を譲り、あまりクイズをしなくなっていた。早押し機の数には限界があったし、少しでも下級生が正解する機会を増やそうと思ってのことだ。六月になってクイズに戻った僕も、努力の中心をインプットにシフトさせ、行き帰りの電車で問題集を読み込む時間がボタンを押す時間より長くなった。

でも、今になって思えばこれは、クイズから、クイズの勝敗から逃げたい気持ちの表れだったのかもしれない。

震災の影響で六月に延期された短文の大勝負『KSC -the fourth-』は、予選ペーパー2位発進も、準決勝で力なく敗れた。負けたこと以上に印象に残っているのは、負けた相手だ。大きな大会では初めて、早稲田高校でメキメキと力をつけていたライバル・岡崎遼の後塵を拝した。岡崎は決勝で青木を破るなど、開成勢をことごとく倒して優勝したのだ。岡崎とはこれまで、競り合う試合は何度もしてきたものの、最後には僕が勝つことが多かった。常に強いプレイヤーではあったけれど、結果だけ見れば、僕が上に立つことがほとんどだった。しかし、今回は敗れた。

去年とは違う。簡単に勝たせてもらえなくなっている。そう感じた。今のままでは何か足りない。

しかし、それが何なのかがわからなかった。地道に努力するという選択肢は、焦っている僕の頭から消えていた。忙しさのあまり、ひたすら近道での勉強法を探し、繰り返し早押しをする、勝負勘を取り戻すといった、「地道な努力」という本質を忘れていたのだ。

僕達の甲子園2～鈴木耀介という男

六月にもなると、やはり『高校生クイズ』を意識しだすことになる。あの優勝から半年以上が過ぎ、自分が『高校生クイズ』チャンプであるという目で見られることにも、ようやっと慣れてきたころであった。

連覇を狙う僕にとっての今年のスタートラインは、田村正資の抜けた穴を埋めることだった。受験生となっていた大場悠太郎さんにはかなり早い段階で出場を打診し、ＯＫをいただいていた。文系問題への圧倒的な強みは確保。となると補強ポイントは絞られる。理系、特に物理・化学が得意で、僕が相対的に苦手とする早押しに強いプレイヤーがいい。

一月にはチームの構想が決まっていた去年と異なり、またやる気が落ちていたこともあり、六月ごろまで僕は決めかねていた。学年の首席、大場さんの知り合い、まさかの運動系ラウンドに備えて運動のできそうなヤツ……。

しかし、僕が悩んでいる間に急成長を遂げた男が、すんなりと最高の選択肢となった。それは高校二年生の鈴木耀介。高校から開成に入ってきた僕の同級生だ。入部当初はあまり目立つ存在ではなかったが、半年もするとメキメキと実力をつけ、新入生で一番の伸びを見せた。

元々クイズ研究部に入ると決めて開成に入学し、中学のころから市販のクイズ本を買って勉強してきたという根っからのクイズ好き。高二になったころには僕、島田、青木、太田凌介の四強に食い込む結果を残し、一年で信じられないレベルの実力をつけていた。

学業成績も良く、物理・化学も申し分なし。知識派で難問好きな点も『高校生クイズ』に向いているし、何より同期というのは話しやすかった。性格は温厚ながらノリは良く、持ち前の頭の回転でパズルも得意としていた。

本人が『高校生クイズ』出場に興味があるのかをそれとなく確かめた（当時はまだ『高校生クイズ』嫌いのプレイヤーも一定数存在していた）のち、意を決して鈴木を誘った。「え、いいよ」と、特に驚いた様子もない返事が、すぐに返ってきた。よし、決定！

クイズ歴わずか二年ながら実力は十分。ディフェンディングチャンピオンたる我々に、頼もしいニューフェイスが加わった。

いよいよメンバーが確定したことを大場さんに報告した時、僕は一つのお願いをした。

「僕にリーダーをやらせてくれませんか」

僕は生来の目立ちたがりであり、またチームとしての作戦・戦い方を練るのが得意。大場さんはゴールキーパーのような、後ろにどっしり構えて肝心なところを守り、あとの時間は一人であれやこれや考えているタイプだ。高校入学組で大場さんとあまり面識のない鈴木のことを考えても、二人とそれぞれ関係が深い僕が間に入るのが得策と思えた。そんなことを説明するまでもなく、大場さんは「伊沢のやり方で、やりたいようにやってくれていいよ」といつもの涼しい顔で言ってくれた。

こうして、連覇を目指す最高の陣容が完成したのだ。


年明けから対策に気合を入れていた前年と比べると遅い。とはいえ、やり方は前年と同じ。スカイプを世界史講師のヤンとつないで情報収集を進め、それにそって努力の方向性を決める。田村や、旭川東から早稲田大に進学した重綱孝祐さんも時に加わってくれた。

努力量が不足していたことは事実だが、『高校生クイズ』の舞台では過去の積み重ねがまだまだモノをいう。実力面に関しては激しく不安視する必要はない。

それより大きな不安要素だったのは、今年の僕たちの取り上げられ方だった。

僕の予想した放送でのアオリは、「絶対的エース田村が抜けた開成！　田村なしでも勝てることを証明してやる！」というようなものだ。この想定どおりならば、田村の威光を借りつつ、番組の主役ポジションにいられるだろう。しかし、もし他校にクイズが強くてビジュアル面でも申し分のないスター選手、つまりテレビで取り上げたいタイプの高校生が現れた場合、僕たちは途端にヒール役になってしまう。前年度チャンプなんて、主人公チームと対戦させる絶好の相手だし、刈り上げメガネの僕がビジュアル面のヒーローになれる可能性はゼロだった。ヒールとして戦うのは当然ながら不利だ。アナウンサーやゲストから応援されていたほうがやりやすいに決まっている。去年の開成がまさにそうだったように。

『高校生クイズ』前の二ヶ月ほどは、ただ必死に「イケメンはクイズなんてやってないでくれ！　サッカーでもやっていてくれ！」と祈っていた。

重綱さんやヤンのウォッチングによると、さすがにそこまでの逸材はいないようだった。限られた情報網の中ではあるが、クイズが強いプレイヤーが静かに息を潜めていることはそうそうあることではない。

しかし、七月の頭、重綱さんが気になる情報を持ってきた。

「多分今年の旭川東はダメだ。札幌南が強いらしい」

今年の旭川東には昨年ベスト４に残った田中竣さんがいるし、他のプレイヤーも育っているはずだった。僕は謙遜だろうと思って話半分に聞いていた。しかし、札幌南のリーダーについての話題が高校生クイズ対策の掲示板に何度か挙がってくるようになると、そこを見ていたヤンも同じことを言い出す。

「札幌南はなぁ、本気で優勝するって言ってるし、強そうだ。どうやら『極めるページ』がバックに付いているらしい」

『極めるページ』というのは『高校生クイズ』対策サイト『高校生クイズを極めるページ』のことで、過去問や地方予選の速報、模試などを展開しており『高校生クイズ』で上位を狙うプレイヤーの多くが参考にしていた集いの場だった。方向性がクイズの中堅校対象であったため僕はあまり足が向かなかったのだが、サイトの管理人さんによる直接指導も行っていたらしく、札幌南はそれを受けて強くなった、というのだ。

興味が湧いた。どんな対策をしているのだろう。どこまで通用するものなのか。みんなが強いと言うその所以はどこにあるのだろう。

いずれにせよ、警戒すべき相手がいるということだけはわかった。どこか不気味な、それでいて燃える相手の出現だった。

僕達の甲子園2～関東大会

一学期が終わってから『高校生クイズ』予選までの二週間ほどは、ほぼ対策に費やしていた。

対策といっても、前年のような長期計画ではなく、知識の抜けがないかを間に合わせでチェックする程度のものだった。とはいえ、一年間やってきたクイズの経験は、僕の中に実力として蓄積されている。前年よりさらに強くなっていることは間違いない。早押し形式にも以前ほどの苦手意識はなくなっていた。

前年は、みっちり対策をした上でクイズそのものの実力不足を心配していたが、今年は全く逆。実力面での自信はかなりついてきたが、対策不足であることが不安だった。

チームメイトの対策具合についても、僕はいまいち把握できなかった。そもそも大場さんについては受験生だから対策どころではないし、鈴木の実力が上がっているのは感じていたものの、『高校生クイズ』へのアジャストについてはあまりしっかり聞いていなかった。

結局、夏休みの間に三人が一堂に会して対策を練ることは一度もできなかった。関東予選は新しいチームの実力が明らかになる、ぶっつけ本番、最初の機会であった。

この年から、予選大会の会場が変更になっていた。長年、関東大会の舞台であった西武ドームから、より開けたお台場・潮風公園へ。アクセスが良くなったので、昨年のように前日どこかに集まる必要もなくなっていた。また、大場さんが受験生だったこともあり前日の会議などもなしにした。それは、全員で対策具合などを直接共有できないということでもあり、僕は少しの不安を抱えながら集合場所に着いたのだった。

潮風公園の入り口に着くと、エントリーを待つ数百メートルの列ができていた。だが、今年の僕たちはこの列に並ばなくてもよい唯一のチームだ。前年度優勝チームは、地方予選で優勝旗返還をすることになっていた。

少し得意げに列の横をすりぬけ、一気に会場の近くまで行く。

名誉の絨毯を歩いて本丸に近づくと、番組の名物プロデューサーである富田秀樹プロデューサーが出迎えてくれた。

「おう久しぶり！　旗を届けに来たか？」

富田さんの声を聞いて「俺はこの舞台に戻ってきたんだ」と実感した。

受付をすっとばしたこともあり、優勝旗返還まではしばらく時間があった。舞台脇のテントで待機していると、何人ものスタッフさんが話しかけてくれた。「今年も頑張ってね」「田村なしで大丈夫か」「また勝つの？　つまらんなー」……。スタッフさんの気さくさからか、新メンバーの鈴木も、次第に雰囲気に慣れてきた様子だった。

今年の総合司会・桝太一アナが登場し、それに続いて優勝旗返還が行われる。

「昨年度優勝、開成高校！」の声とともに舞台に上がった。三人で重たい優勝旗を持ち、返還。旗を返したタイミングで後ろを振り返ると、舞台の下からは僕たちを見つめる数えきれないほどの目があった。無数の高校生、それを高みから見つめる優越と、かすかな緊張。

「うむ、俺たちが王者だ。全員かかってこい！」

……なんて言ってやりたい気分だったが、もちろんそんなタイミングもなく、旗を返したらそそくさと脇にはけ、高校生の大群の最後尾に加わった。開成から来ていた他のチームともここで合流し、クイズを待った。もう僕たちは、一介の挑戦者でしかない。

この年は○×クイズが廃止され、三問中一問でも正解すれば準決勝進出となる三択クイズが行われた。『高校生クイズ』の長い歴史の中で、クイズ研勢の前に立ちはだかり苦しめてきたのがここでの難しい○×クイズであっただけに、この変更はありがたい。風が吹き抜ける潮風公園のコンディションも相まって、穏やかな気分で問題に臨むことができた。

一問目、震災復興にちなみ、東北応援サポーターであるサンドウィッチマンの二人からの出題。

「ハチ公の銅像がある県は？　一、青森　二、岩手　三、山形」

うーん、よく覚えていない。ハチ公の像が東北にもある、という事実は知っている。たしか日本海側の県だったから、山形だった気がする。

開成クイズ研の数チームでまとまって相談したが、みんな知らない。僕の「なんとなく山形だった気がする」という記憶で答えを決断し、三番のゾーンへ移動した。

いつもと同じく開成の後ろにワラワラと人がついてくる。優勝者として顔も売れていたため、ついてくる人数は前年の比ではない。こっちとしては「これで間違ってたら、なんだよーとか無責任に言われるんだろうなぁ」と、なんだか笑ってしまう心情だった。

正解は……山形。かすかな記憶が当たっていた。これで開成のチームは全員準決勝進出となり、準決勝の択一ペーパークイズまで三時間以上暇になった。予想していたとはいえずいぶんとあっさり終わってしまったので、勝った喜び以上に放置される寂しさのほうが大きかった。

その日の潮風公園は塩梅の良い曇り陽気で、海風が吹き抜けて大変に心地よかった。熱気でむせ返る西武ドームとは大違いだ。敗者復活戦が終わるまでの数時間、木陰で涼んだり、海を眺めたりとのんびりした時間を過ごした。ここが連覇への長い道のスタート地点だという気持ちはなく、ただただ夏の陽気を楽しむ。今年は、その余裕があった。

日が傾き、東京湾からの涼やかな風が吹く午後三時。準決勝のペーパークイズが行われた。ここはガチンコ、百問の三択クイズ。各都県で五チームが勝ち抜けとなる。そして、ここがいよいよ新チーム三人の力、その見せどころである。一回戦では確認できなかった真の実力に、ワクワクしつつ、ハラハラしつつクイズが始まった。

序盤は基礎的な知識問題ゾーン。三人のクイズ力でスイスイ進む。三人いると、取りこぼしもなく快調だ。後半にある数学問題は、三人で解けそうなものを分担して片付けた。最後十問ほどのパズル問題群は、去年何問も落としてしまった苦手ゾーンだったが、パズルを大の得意とする鈴木がパパっと片付けて終了。

自分でも驚いた。手応え十二分。不安視していた連携は、ここまで問題なし、むしろ良いほうだ。お互いの得意分野が明確なので、役割分担も自然とできあがっていたのだ。鈴木のクレバーさと大場さんの慣れが、事前の準備不足をキレイに補っていた。なんなら、二人にほぼ解いてもらうような格好で、僕はあまりやることがなかった。

流れるように解き終えた時、僕の中にあった不安はほぼ消えていた。このチーム、強い。

そして我々は、東京の全チームの中でトップのスコアを獲得し、堂々決勝に進んだ。

十九時、東京大会決勝。昨年と同じく、ボード三問と早押しで七点先取。勝てば全国。もちろんインターネット予選もあるのだが、昨年はここで早稲田にボコボコにされているだけに、完全優勝を目指すためにも今回こそはしっかり勝っておきたいところだ。何よりもここで勝つことが「前年以上のチーム」である証明になる。本戦での演出を考えても、去年より強いというところを見せておきたい。

相手は太田率いる開成のチーム、早稲田が二チーム、立川高校が一チーム。全チーム顔見知りだ。早稲田には去年の東京決勝でやられた相手・佐谷政裕さんもいる。普段から一緒にやっているけれど、この大舞台でリベンジだ。

最初のボードは昨年と打って変わって簡単で、どのチームも軒並み二点以上獲得、開成は三点をきっちりホールドした。知識派である我がチームとしては、ある程度差をつけておきたかったが、点差はわずか。昨年はボードで差をつけていたにもかかわらず、早稲田の佐谷さんが豪腕の早押しでまくって圧勝した。ここからが勝負だ。三月まで、ひたすら鍛えてきたのだ。その積み重ねは残っているはず。社会人に揉まれ、『ａｂｃ』に向けて磨いた早押しを、ここで発揮するのだ。

序盤は早稲田の二チームが相変わらずの速さで一問ずつ積む。やはり早稲田のスピードは関東一だ。しかし、こののち早稲田の両チームは相次いで誤答し、得点は伸びず。早稲田同士で狙う問題がカブっているせいで食い合い、より先に押そうとして空回りしていた。これは良い兆候だ、取れる問題を落ち着いて取れば勝てる。僕がまず一問正解し開成四点、三点の早稲田に先んじた。いずれ早稲田は上がってくるだろう。一気に攻めたい。そう思った次の問題。

「世をおさめ、民をすくう／……」

点いた！　どこだ？　……開成、押したのは鈴木。

「経世済民」で正解。

「経済」という言葉の由来になった熟語なのだが、僕が驚いたのは問題の難易度だ。当時高校生でこの問題を知っていた人は多くなかった。これをこのポイントで正解できるのは並大抵の知識ではない。努力量は僕の見積もり以上、改めて恐れ入る。これぞ開成の隠し球、鈴木耀介だ。

さらに次の問題、今度は大場さんが早い段階で押して「バージェス動物群」を正解、一気にリーチ！　展開が早い！

あっという間にポイントが増えた。あと一つ取れば終わる。東京代表だ。

まったくもって左右が頼りになりすぎる。思わず笑みが零れる。「リーダーなのに俺の出番がねえじゃねえか……！」。これは凄いチームを組んだみたいだ。

去年のようにみっちり対策をしたわけでも、三人で議論を重ねたわけでもない。しかし、知識の親和性、カバー率ならどこにも負ける気がしない！

勝利は近い、早く決めるだけだ。リーチをかけた次の問題は、攻めるのが鉄則。相手がハイスピードに慣れる前に、勝負をつけてしまおう。僕もリーダーとして目立たなきゃ。

次の問題。

「『静かなる男』『駅馬車』／……」

点いた！　押したのは僕だ！

決めてやる。

しかし次の瞬間、気付く。

僕はこの二作に主演した俳優「ジョン・ウェイン」を答えようとしていた。しかし、この二作とも、監督を務めたのはジョン・フォード。この時点ではどちらなのか確定していない。

ミスった……。焦りすぎたか？

いや落ち着け。

こういう時は答えになりそうなほうを選ぼう。どちらかというと俳優のほうが出題されそうだし、最初に思ったものを答えたほうが、誤答したあとのダメージが少ない気がするぞ。

決断。曖昧な、でも必要な決断だった。横二人に答えを囁く。

「せーの、ジョン・ウェイン！」

タメが数秒あって、大きな正解音が鳴った。

勝った。ヒヤヒヤものの勝負だったが、正解すればこっちのもの。結果を見れば速攻の圧勝だが、最後は少しだけ冷や汗が出た。

両サイドの二人を見ると、いたって涼しい顔で佇んでいる。焦っていたのは僕だけのようだ。一人ひとりが見せ場を作った。三人の、チームとしての力を見せつけた形での勝利。上出来だ。

インタビューでは、全国大会に入る前に絶対に言葉にしておきたかったことを言った。

「去年は田村さんを優勝させるためにチームを組みました。今年は、田村さんなしでも開成はこんなに強いんだ！　ということを見せるために優勝します」

ストーリーは作った。全国を見据えるなら、必須の下準備だった。

ステージから降りると、スタッフに呼ばれ記念品をもらった。案内された先では富田さんがニヤリと笑っていた。

「おめでとう。地方予選から本戦に行くのは初めてだろうから、ちゃーんと説明してあげよう」

昨年はネット予選からだったので詳しい説明は電話での口頭だったが、地方予選から勝つと、いろいろな書類が渡される。誓約書や保護者の同意書などなど。当日までに用意するもの、書いてくる用紙などの説明を一〇分ほど受けた。

徐々に実感が湧いてくる。やっぱり、ちゃんと地方予選を勝つのは気持ちがいい。帰りはお台場のフードコートで開成各チーム集まっての祝勝会が行われ、久々の勝利に浸った。

僕達の甲子園2～決戦前夜

全国大会を間近に控えた八月初旬、僕の携帯に一通のメールが届いた。

差出人は猪俣陽。昨年の秋、開成クイズ研究会宛てに手紙をくれて、僕が指導することになった、会津学鳳高校の彼である。その後も何度もメールをやり取りし、全国大会の攻略法までほぼ全てを伝えた。そして、彼は厳しい戦いをくぐり抜けて福島予選で優勝し、高校一年生にして全国大会への切符を掴んだのだ。そのことを報告するメールであった。

すぐに「おめでとう」と返し、最後にはこう書いた。

「次からは敵だね」。

こんな言い方はおこがましいけれど、「教え子」の勝利は嬉しい。できることなら全国でも活躍してほしい。

しかし、敵は敵。準々決勝で対戦するならば、クイズ歴の浅い彼らはありがたいカモだ。最大限に萎縮させて確実に勝たなければならない。敵であるということは、そういう打算の対象になるということでもある。お互いの勝利を喜びつつも、すでに戦いは始まっていた。

この年も開かれたネット予選からは、相変わらず強豪が多く上がってきた。関東で倒した早稲田の佐谷さんもここでしっかり復活してきた。恐ろしく手強い相手であることには違いない、重綱さんやヤンが要注意と言っていた札幌南も上がってきた。北海道大会で旭川東に敗れたあとの復活。ネットから上がってきたのなら実力は十分、侮れない。

役者は揃った。

全国大会開始の数日前、僕は単身大阪に乗り込んだ。震災二日後に行われ、僕が優勝した大会『ＳＴＵ』がシリーズ化し、その第四回が関西で開かれていたのだ。実は少し前には関東でも同じ内容の大会が行われており、今回はその再放送のようなものだったのだが、僕は今回の『高校生クイズ』での最大のライバルになるであろう相手と直接戦い、調子を見極めようと、わざわざ関西にエントリーしたのだった。

その相手とは、もちろんあの灘高校である。

今年の灘代表は鵜飼康平、李泰憲、山下耕平の同期三人組。鵜飼と李は中学生のころから何度も戦った相手であり、山下は途中入部ながらメキメキと力をつけているプレイヤーだった。

『ＳＴＵ』予選のペーパーは、山口尚希さんや廣海渉さんといった大学生の強豪を抑えて僕が堂々の一位。六月くらいまでサボっていた分、知識だけは七、八月に詰め込んだ。少なくとも、早押し以外の部分は『高校生クイズ』前の追い込みでリカバーできているようだった。

本戦の早押しでは大学生に競り負け準決勝で敗退はしたものの、僕自身の実力がある程度のレベルには戻ってきていることが感じられた。同じく準決勝で敗れた灘高勢の知識量と調子の良さを確かめることができ、敵情視察としても十二分の結果である。帰りには李とご飯を食べて、今年の『高校生クイズ』に関する情報を交換できた。

翌日に開かれた『若獅子杯』からは他の開成勢も合流し、二日連続で灘とのバトル。準決勝では李との直接対決になり、なんとか勝ちきった（なお、決勝で負けたので準優勝に終わった）。これは本番でも自信になる。今度は鵜飼と二人でご飯を食べに行った。お互いの手の内を知った上で、ガチンコの『高校生クイズ』に臨む。非日常を存分に楽しむための、万全の準備が整いつつあった。

話は前後するが、六月半ば、月食の夜に祖父が他界した。僕にとってここまで関係が近い親族を亡くすのは初めての経験だった。半ドンの土曜日、学校の食堂で昼ごはんを食べていたら父から電話で「そろそろ危ないから急いで帰ってこい」と言われ、父の実家に向かった。

到着までは考えや想像が頭をかけめぐって整理がつかなかった。しかし、家に着いて祖父の遺体を見た時、それらは全て消し飛び、頭が真っ白になってただただ涙が流れた。人の死がひたすら悲しくて、それ以外に何もないものだなんて知らなかった。

祖父は、いろいろな箇所にガンを患い、胃を摘出しながらも八十を超えるまで生き、最後まで酒もタバコもやめない、無口でカッコいい人だった。声をかけられるとしても「学校はどうだ？」「クイズはどうだ？」くらいで、そして何を言っても決まって「そうか」と答えるだけ。しかしそんな祖父は、僕のことをとてもかわいがってくれていた。普段は八時には寝てしまう祖父が、『高校生クイズ』の放映日だけは十一時まで起きて僕の姿を見ていてくれたという。

一回、優勝を見せてあげられて、孝行できてよかった。できれば、僕が真ん中にいる開成も見せたかった。

葬儀のあと、父から小さな袋をもらった。中に入っていたものは二つ。一つは祖父の遺髪。もう一つは、北関東自動車道開通式に出向いた祖父がもらってきた、開通時に爆破された石のかけらだった。「突破石」といって、何かを突破する力になってくれる、というものだ。

祖父が楽しみにしてくれていた『高校生クイズ』、今年は天国で見守っていてくれるだろう。ならば一つ一つ、突破あるのみ。

大会の間、誰にも言わなかったし、言うことでもなかったけれど、僕はずっと祖父に向けて戦っていた。右ポケットには、いつも遺髪と突破石。腕をおろした時、脚に手を置いた時、自然に触れる場所。祖父は一番近い場所で僕のことを見ていてくれたのだ。

僕達の甲子園2〜一回戦

八月も半ば、お盆が始まると同時に『高校生クイズ』全国大会の火蓋が切られた。

昨年と同様、参加者は本郷のホテル「機山館」に集合した。去年と同じ顔ぶれも結構な数いるようだが、それでも半数以上は知らない顔。その中にちらほら知り合いが混ざる。

集合初日は、全校揃っての開会式が行われるのがお決まりだ。開会早々、提出書類を忘れたチームへの富田さんのキツーイ一喝。これで大会の雰囲気をうまく締めるのが富田流だ。続いて各チーム自己紹介。五十を超える高校が一校ずつ喋るので嫌が応にも長くなるが、灘がいきなり掛け合い漫才を始めるなど、早くもお祭り気分が全体を包んでいた。

長かった式を終え、僕と鈴木の二人部屋に戻ると、程なくしてドアを叩く音がした。入ってきた大柄童顔の高校生は、会津学鳳の猪俣と名乗った。メールを何度もやり取りしてきたが、対面するのは初めて。何度も頭を下げる猪俣にちょっと恥ずかしくなって「明日は頑張れ。俺と勝負だぜ」と格好をつけた。

その日の夜は部屋にこもって勉強した。灘や早稲田と話をすることはあったものの、特にクイズはしなかった。遠くで盛り上がっている声が聞こえたが、この日はそういう気分じゃなかった。

まだ今年の『高校生クイズ』がどういう方針かはわからない。僕たちにとってアウェイの風が吹くこともあるだろう。おまけに灘や早稲田のパワーアップを肌で感じた。見えない存在である札幌南も怖い。油断をしないためにも初日は勉強をして気を引き締めようと思った。鈴木も一緒に問題を読んでいた。

大会後、ある代表校の方から「開成は終始、武士みたいでした」というお褒めの言葉をいただいた。思えば、この時二人で問題を読む様はまさに出陣前の武士といった体だったろう。

僕にとって二度目の『高校生クイズ』。他人よりこの戦いのことを知っているという余裕、それゆえに生まれる油断。全て断ち切って淡々と一番を取る。それが目標だ。

明朝、天気の悪い中バスにすし詰めになり麴町のスタジオへ。昨年と同じように、長い写真撮影が始まる。

百五十人がひしめく控室の喧騒と緊張感が湿気と一緒にまとわりついてくる。僕はそれが嫌で、しばらくロビーに出て問題を読んでいた。

しかし、そわそわした空気がついてきて、どこか集中できない。仕方がないので、知り合いと喋りに行くことにした。早稲田、浦和、県立船橋、旭川東、横浜雙葉、会津学鳳……、みんな勝負を前にしてなお、どこか楽しそうだった。もちろん緊張はお互いにあるだろうけれど、これから訪れる非日常にどこかワクワクしているようだった。

そう、やはり楽しまなくては始まらない。僕たちのクイズは、勉強だけでもなく、かといって天性だけでもなく、今まで生きてきて得た全てをぶつけあう戦いで、だからこそ各々の生きてきた軌跡が見えて楽しいのだ。少し大げさかもしれないが、この楽しさを忘れては僕のクイズではない。

煩わしい諸々の事前準備が終わると、いよいよ一回戦が幕を開ける。発表された形式は、去年と同様の三十問の筆記クイズ。二回戦（準々決勝）に行けるのは八チーム。隣の席は最大のライバルである灘だが、このルールでは気にすることもない。ただただ、己の知識をこのボードにぶちまけていく作業だ。それで八枠から漏れるのなら、もう仕方ない。


新総合司会・桝太一アナが開会を告げ、仙台一高が選手宣誓をして大会は幕を開けた。桝アナが喋っている間も、大勢のカメラのうち、どれか一台が絶えず開成をとらえている。優勝候補かつディフェンディングチャンピオン。フィーチャーされていることへの安心感を覚える。僕たちはまだこの筋書きの中で、勝つことを許されている。ならば全力で勝利するだけだ。

一問目、金星の最高峰を問う問題。過去には火星の最高峰を問う問題が出ている。ずばり対策が勝負を分けてくる問いだ。「マクスウェル山」と落ち着いて解答。続くグライダーでの人類初飛行「リリエンタール兄弟」、単位の問題「オングストローム」も正解。上々の滑り出し。

四問目。

「日本で初めてパスポートを取得した人物は？」

む、ここにきて初めてわからないものが来る。大場さんに振ったが、首をかしげている、ダメそうだ。鈴木を見る。鈴木は「え、知らんの？」という顔で僕を見つめながらペンを執り、さらさらっと答えを書いた。「隅田川浪五郎」。思わず僕の口から「へー」という声が漏れた。

僕はいま、凄い奴と一緒に戦っている。早くも安心感。

この問題はわずか四校正解というファインプレー問題となった。次の五問目も正解し、五連答。ここまで五連答は開成と灘だけだ。

出だしは上々。インタビューを振られ、連覇への意気込みを問われた。緊張から解き放たれ、順調なチームのおかげで良い精神状態に入っていた。思うままを答える。

「意識せずに勝ちにいきたいです」

そう、意識して硬くなるのは怖い。知識には自信がある。思い出せるものを思い出せないことが一番よろしくないのだ。あくまで一問必答。それは大場さんも鈴木も同じ。特に鈴木のリラックスぶりには大物を感じさせる。ありがたい。

六問目、開成にとって試される時が来た。

「地球に帰還した小惑星探査機はやぶさの地球大気圏への突入速度を計算せよ」という計算問題。文系である僕と大場さんにはお手上げである。申し訳ないが鈴木任せにして、計算過程をフォローするしかない。この問題は正直落としても仕方ないな、と思った。

結局、あまりチームとして機能せず鈴木を助けられなかった僕たちは、この問題で初めての誤答。正解した灘に一問差をつけられた。少し焦る。この戦いへの焦りではなく、きたるべき準決勝に向けて、こういう時のやり方を決めとかなきゃなぁ……という焦りだった。

しかし、いまするべきは目の前の勝負に集中することだけだ。初めて笑みが消えた鈴木の肩を少したたき、前を向く。

そのあとは定番のクイズ問題と意表を突く難問が織り交ぜて出題された。

十問目が終わり、途中経過発表へ。灘は七点で早稲田・浦和と並び三位。開成は八点で一位。ボーダーまでは余裕があるし、ここまでは順調だ。

しかし、気になることが一つ。

僕たちは一位だが、一位タイである。もう一つ、僕たちと同じ点数を取っている高校がある。それが、札幌南だった。

重綱さんが「あいつらは強いぞ、油断するな」と言っていた、あの札幌南。リーダーの鈴木淳之介は、この大会のためだけの対策を、クイズ大会の少ない北海道でひたすら積み重ねてきていたらしい。だが、まさかここまでとは思わなかった。去年の塩越希さんといい、北の脅威にはいつも驚かされる。想像の外にあるその努力量にひるみそうになる。

インタビューを振られても、あまりしゃべらず、不敵な笑みを浮かべている。こいつはヤバそうだ。マークしておくに越したことはない。

気を引き締める。僕たちが目指すのは勝ち抜けではなく、一位。全てのラウンドを一位で勝ち、田村なしの開成の強さを見せる。負けてはいられなかった。

解説席に、大学生となった田村が来ていた。十問を終えての休憩で話しかけに行く。「調子良さそうじゃん」と、昨年のリーダーも今年は気楽なものだ。「去年の二位、抜いたるからな」と言えば、「札幌南、大丈夫かよ」との返し。やはりその実力と不気味さは田村にも伝わっていた。「まあ、頑張ってくれ」と、高みの見物のOBは、軽い笑顔で言った。

中盤戦へと突入する十一問目は宇宙飛行士・星出彰彦さんからの出題。

「月面で初めてゴルフをした宇宙飛行士は？」

ヤバイ。これは対策でやった問題だが、思い出せない。「ゴルフをした」という点がトピックとして弱いと思って放置してしまった。こういう見切りと油断が響いてくるんだ、と反省するしかない。正解は「アラン・シェパード」。灘や札幌南が正解し、この問題を誤答した開成は二番手集団に飲み込まれた。

次の問題は「割、分、厘、毛の、その下の単位は何？」という問い。

これは僕の得意問題だ。名前が付いているところまでは全部言えるぞ。正解は「糸」。これで灘に先行し、単独二位。札幌南は依然強い。この問題で会津学鳳も正解し、ボーダーに迫ってきていることが紹介された。開成との交流の話も出る。いいフィーチャーのされ方である。猪俣も頑張っているのだ、一緒に勝ち抜きたい。

このあと、中盤は難しい漢字問題が続いた。ずっと苦手としていた領域であり、去年は案の定、全問不正解だったため、対策は諦めていたゾーンだ。当然正解できず。その後出題された化学反応の問題は高二の鈴木には厳しく、あまり点数を伸ばせないまま二十問を終えた。ガチガチの勉強系問題が穴になるのは想定内だが、やはり苦しい。上位陣の中にも差が生まれた。

この時点でのボーダーは十一点で四校、開成は十四点で三位にまで落ちた。札幌南は十六点で一位。二位には浦和がつけている。

悔しい、しかし焦らないことこそが大事。ここまでのゾーンは開成の苦手な部分だ。ここからは得意なところが来るはず。一問一問正解する以外に、やるべきことなどない。

しかし、挽回を期す二十一問目に出題されたのは、コアな国旗問題だった。ひねった出題に対応できず不正解、さらに厳しくなってくる。

次の問題からは、一問一答チックな通常問題に戻り、ただひたすら淡々と答えるルーティーンに入る。一問一問、ミスが出ないように進めるのに必死で、相手の点数を追っているほどの余裕はなかった。

もう落とせない。一位を目指すためには、もう正解し続けるしかない。言い聞かせるように淡々と、淡々と。

三十問を終えた時、自分たちが何位なのかはよくわかっていなかった。


運命の順位が発表される。

思っていたより苦しい戦いだった。次のラウンドに行ける八チームには入れただろう。しかし、今回の目的はそこではない。「前回より強いチーム」という看板を手に入れ、テレビの演出に乗っかり、そして周りにパワーを見せつける、そのための「絶対一位狙い」の戦いなのだ。ここで計算が狂うのは嫌だ。一位が欲しい。

結果発表。

暗転し、スポットライトがグルグルと動くスタジオで、たじろぐほどに長いタメののち、メインカメラが、我々開成チームを捉えた。

やった、一位だ！

最後の一問一答ゾーンで、上位陣がミスしてくれたことが勝利につながったようだ。一度後退したところで集中を切らさず、一問一問正解を積み重ねたのが良かった。手堅さの勝利である。

熱いスポットライトが僕たちを照らす。大場さんと鈴木がハイタッチする。苦しい戦いになったとはいえ、意地で一位を確保できたのは良かった。目標達成、今後の対戦で相手に与えるプレッシャーも違う。何より去年の二位を超えられたことには価値がある。

そう思ってひと安心した矢先、桝アナは告げた。

「もう一校、一位がいます」

やられた！

これは悔しい。どこが一位かは直感でわかった。札幌南の名前がコールされると、強い雄叫びが上がる。油断のならない相手だ。不敵な男、鈴木淳之介の力。まさにダークホース、誰も知らなかった強敵がベールを脱いだのだった。

大会期間中、本格的に様子を探らなければならない。次の目標ができた。

灘は僕たちと二点差の三位。浦和、早稲田、新潟、名大附、大阪星光学院と続いた。勝てる力を持った学校が順当に勝った、という感じだった。

終了後の控室では、いろいろな高校から声をかけられた。今まで何度も戦ってきたところ、対策で協力したところ、前日に少し言葉を交わしただけのところも話に来てくれた。

去年と同じだ。たとえそれが自己満足でも、僕は「負けたチームの分まで」と言って、全力で勝ちを目指さなければならない。全力を出すというのは、気合を入れるとかそういうことではないのだ。それは、常に気を抜いてはいけないということ。骨が折れる。しかし、やらなければならない。何よりも勝ちにこだわり、最高の勝負を見せることこそ、全ての出場者に対する礼儀のように感じられた。

敗退したチームは機山館には残れず、別の宿に移動となる。勝ったチームもすぐにその宿に向かう。恒例のどんちゃん騒ぎ（もちろんアルコールは抜きだが）をするためだ。今年も寄せ書きをTシャツに書いてもらった。いろんな高校がいて、一緒にクイズをしたり、腕相撲をしたり。ちなみに、ここがQuizKnockでの同僚・ふくらPとの初対面であった。お互いのことはまだよく知らなかったけれど、この五年後、大きなプロジェクトにともに取り組むこととなる。

帰宅命令が出るまで遊びつくした夜中、帰ろうとして宿の玄関に行くと富田さんが待っていた。その後ろには会津学鳳の猪俣。

「なんか伊沢にあるんだって?」

と富田さんが猪俣に促すと、猪俣は高校生クイズのTシャツを出して僕に言った。何か書いてくださいと。

何を書くべきかわからなかった。

今負けた悔しさ、手応え、来年への思い……。彼の中ではこの半日の間で本当にいろいろな感情が流れたはずだった。そんな彼にとって、「一年後」という目標は、努力を続けることを誓うには遠すぎる未来のように思えた。無責任なことは書けない。

「強くなって帰ってこい」とTシャツのど真ん中に書いた。これが正解なのかはわからなかった。照れ隠しでそれより大きく僕のサインを書いた。

この別れの一年後、猪俣はベスト四にまで駒を進めることになる。

勝負は終わり、みんなが去っていく。一緒に歩んでくれた仲間たちもいなくなる。もうしばらく会えない人たちばかりだ。出会いの名残を惜しんでいるのか、悔しさをかき消しているのかわからない、賑やかな夜。

負けたくないなと強く思った。寂しいけれど、宿に戻ってそのまま寝た。朝が来ると、みんなはいなくなって、翌日の勝負、それに向けての高まりだけが残った。

僕達の甲子園2~準々決勝

一回戦翌日は本当によく寝た。自分では周りより慣れていたつもりでも、やはりテレビカメラの前に座り、ライトを浴び続けることは疲れが溜まる。昼ごろに起きると、早稲田や浦和など気心の知れたメンバーと遅めの昼食を食べに行った。

この時の話題の中心も、やはり札幌南についてである。「知識量があるのは確かだ」「とはいえ一回戦を見ていると少し偏っている気がするから穴はありそうだ」「俺たちがやってるようなクイズ大会をくぐってきていないから未知数すぎて測れない」などなど。夜になったらみんなで早押しをすることになるだろうから、少し様子を見てみようか、という話になった。

そうこうしているうちに夜。毎年恒例の流れとしてどこかしらが持ってきた早押し機での早押しが始まった。僕は最初テレビを見ていて参加していなかったのだが、先に札幌南と対戦してきた早稲田の佐谷さんが十二分に彼らを分析してくれた。

「あいつら、誤答することへのためらいがなさすぎる。あと、クイズ全体への対応力は高くないが、定型文への反応は相当鍛えているな」

これは地方の高校クイズ研に多いケースだ。手に入る問題が少ないために定番モノだけをやるようになるので単語反応度が上がり、定形から外れたものへの対応力は上がらない。一方で、問題個々への練度はかなり高くなる。それゆえにスピードスターが生まれやすい。札幌南の鈴木淳之介も、どうやらそのパターンのようだった。

その状況を分析するに「まだ俺たちのほうが有利だ」と思った。『高校生クイズ』対策の範囲でしか早押しに触れず、文脈を踏まえて解答する応用力が身についていない状態なら、その点で勝るこっちが有利だ。しかも『高校生クイズ』の早押しは誤答マイナス一点、これは結構キツい誤答罰である。これらを踏まえると、普通にやれば負けはしなそうだ、と思える。

ただし、これはあくまで普通にやれば、だ。問題群によっては、開成の敗北も十分にありえるのだ。

例えば、定型問題・基本問題ばかりが出題されたなら、札幌南に圧倒的な分があるだろう。誤答の恐怖を知らず文脈判断なしにボタンをぶっぱなしていくスタイルだと、正攻法で立ち向かってもスピード的にこちらは敵わない。こちらの良さが出ず、逆に相手の長所が存分に発揮されるフィールドの出来上がりだ。定型にめっぽう強いスピードスター・佐谷さんが警戒するのだから、あちらの練度もかなりのものだろう。

ダークホースが王者を倒す。このテレビシナリオの中に我々と札幌南が組み込まれるのならば、このフィールドで戦うことになるだろう。明らかに負けるのは僕たちだ。それはマズい。

あれこれ対策法を考えるよりは、とりあえず自分の眼で見てこよう。

札幌南が押している部屋に向かった。中では、挑戦的な目をした男が待っている。

鈴木淳之介。のちに東大でチームメイトとして共闘することになる彼との、初めての早押し勝負だった。軽く声をかけ、余っていたボタンにつく。


ここで行われていた早押しも、特段のルールなしで行われていた。そのため十問ぐらいやると、早くも僕はイライラし始めた。

クイズをさせてもらえない。「誤答のリスクなしでぶっ放して、当たったら勝ち」というのはゲーム性が低い。僕はルールをもとに押しのペースをかなり変えるスタイルだし、自分のボタンが点かないまま無為に問題が浪費されていくことにも辟易した。僕は提案した。

「5○2×でやろう」

ルールをつけたら化けの皮が剥がれるかもしれない。そう思っての提案は案外すんなり受け入れられた。

先ほどよりは押しやすくなる。しかし、強い。ルールありでも、鈴木淳之介のペースは落ちなかった。取れる問題の種類は多くないが、競争率の高い易問、ベタ問の類はことごとくさらっていく。鈴木淳之介の単語反応は、とりあえず押してから考えているというヤワなものではなく、身に染み付くほどに押しを重ねた結果の、体反射的なものだった。半端ではない努力の賜物だ。

わかった、これは強い。化けの皮なんてもんじゃない。しっかりと身を守る鋼鉄の鎧になった、本物だ。

クイズ中はほとんど言葉を交わさず、一言礼だけ言って部屋を出た。手の内を明かしたくないから、と自分に言い聞かせたが、動揺もあった。負けたくないし、そもそも相手にしたくない。そう強く思うほどに相手の実力を感じていた。

『高校生クイズ』のルールの中で戦うなら、こちらが取れる問題も多くあるはずだ。とはいえ、相手の単語反応力は中途半端なものではない。しかも単語に反応して押すスタイルは、自動化できるほどの練度ならば、多少の誤答罰を受けてもトータルで勝てるため、恐怖感なく押し勝ち続けられる点が長所。ルールの中でやれることを考える僕のスタイルとは相性が良くない。一芸に秀でた相手は、短期決戦では怖いのだ。

しかし、僕もクイズプレイヤーだ。四年以上、クイズとは何かを考え、いろいろな問題を覚える努力をしてきた以上、一点突破で、ただがむしゃらに一つのことをしてきた相手にあっさりとは負けたくない。磨いてきた手数、見せてやる。

休日もあっという間に終わり、夜の十時過ぎになった。明日は準々決勝。寝るには早かったので、どこかのチームと話がしたかった。

できれば明日の予想などを話し合えるところが良いと思い、三人が一部屋にいる浦和のところに押しかけた。浦和勢とは特に仲がいいというほどの親しさはなかったが、三人とも何かの機会で話したことがあったので、ここ数日は一緒にいることが多かった。飛び込みで訪ねて行ったにもかかわらず、リーダーの竹村真樹さんは快く僕を受け入れてくれた。

自然と明日の組み合わせに話題が向く。僕は開成が当たるとしたら、ダークホース札幌南、去年から交流がある高二チームの新潟、意外性でいえば去年決勝で当たった浦和とぶつけて山場対戦にする、その三つぐらいが妥当かな、と分析していた。「当たらないといいねー」とお互いに言い合う。

逆に浦和の対戦相手予想で、一番ありそうなのは早稲田。スーパーエリート私立という煽られ方をしている早稲田と、公立の星という二つ名の浦和、これは当てやすい。浦和としては、ほぼこの予想で間違いないだろう。もちろん、嬉しそうではない。ＫＱＡ（関東クイズ連合）イチのスピードスター佐谷さんを擁する早稲田は、早押しラウンドにおいてはほぼ最強といえる。もちろん開成にとっても一番当たりたくない相手だ。

話の流れで、一緒に早稲田攻略法を考える。相手の誤答につけこむ、相手のペースを乱すためにこっちが開始時から賭けに出て猛スピードで押す……など、考えうるのはリスクを背負わなければ勝てない戦略ばかり。浦和も開成も、あまりスピードを持ち味にしているわけではない。スピード面の実力で負けているなら、リスクを背負うしかないのだ。それは僕たちが札幌南と対峙した時のシミュレーションでもあった。

最後に、竹村さんはしみじみと言った。

「まだまだ、この世界から出たくないよ。終わってほしくない」

そう。結局のところみんなそうだ。この非日常にいることが、い続けることがたまらなく楽しい。このお祭りから離れたくない。だから勝ちたいし、負けると寂しいのだ。


翌日、準々決勝。スタジオでの一対一の早押し対決。全てが去年と同じように進む。朝からホテルを出て麹町のスタジオ、長い待ち時間、そして八チームの間に漂う緊張。

僕はロビーのテレビに映る本物の甲子園、如水館と能代商の試合を見ながら、いつものように問題を読み込んでいた。どこが来てもいい。どことやってもリスクは負わなければならないものだ。早押しというのは、誤答による沈みのリスクを負ってポイントをもぎ取るゲームであり、常にリスクと隣り合わせだ。安全に勝つなんてことはできないのだ、諦めろ。恐れない、恥ずかしがらない。自分に言い聞かせながら問題を読んでいく。


抽選の時間が来た。最初に早稲田が引いた。早稲田が早稲田と書いてあるボールを取り出すハプニングがありつつ、次の引き直しで引いたのは案の定、浦和。竹村さんの表情をチラリと見た。昨日とは違う、戦いに臨む顔。覚悟は決めた、戦うしかない、とでも言うようなその表情に、勇気をもらう。

二番目に引いたのは新潟。札幌南とともに、開成と当たりそうな候補校だ。新潟のリーダー西村俊人は、さっと前に出て、さっと引き、静かに開成の名を呼んだ。予想の範疇、むしろ札幌南と当たらなくてよかった、と僕はひそかに思った。

残りの対戦は灘対大阪星光の関西対決と、札幌南対名大附。第一試合は灘と大阪星光となり、いったん控室に戻った。

灘が戦っている間、高校野球を映すテレビの前で考える。新潟は知識タイプのチーム、早押しのスピードを考えれば、特段こちらから仕掛ける、つまりリスクを負って攻める必要はない。とはいえ相手の知識量はかなりのもの、こちらが知らない問題が相手のポイントとなることも少なくないだろう。去年の全国大会も踏んできた、落ち着きと経験があるチームだ。プレッシャーをかけて飲み込んでいく圧力戦法も通用しないだろう。

新潟の西村と知り合ったのは、一年前の『高校生クイズ』。一回戦後の控室でアドレス交換を求められて以降、何度かメールをやり取りしており、相手の状況も多少は把握していた。去年の敗退後から地道に対策を続けているのは知っていたが、一回戦を抜ける実力までつけているとは予想以上だった。仲の良い相手、しかも高二の同期。テレビ的には盛り上げる要素に使えるところであり、対戦はお互い想定の範疇だった。

テレビを見ながら、ふと自分自身に意識を戻すと、画面の中身も、目の前のクイズもあまり頭に入っていないことに気付く。脚が少し震えている。思えば去年の準々決勝はくじを引いた直後の初戦だったので、相手や対戦に思いを巡らすこともなく始まった。対戦相手がわかってから待たされるのは初めてだ。武者震いなのか緊張なのか、自分でも境界線が引けない。予想していた展開なのに、なぜ脚が震えるのか、わからないでいるままに呼び出しがかかった。

スタジオに行くと、大阪星光の西端和志さんがうなだれていた。インタビューを聞く限り、接戦を灘がモノにしたようだ。ある程度灘有利の予想ではあったが、大阪星光の善戦を考えると、僕らも油断はできない。

すぐに呼ばれて台上へ。今年のルールは五点先取。去年は七点だったから、今回は短期決戦と言えよう。短期決戦は怖いところがある。タッチの差で二問取られれば、もう折り返し地点。ペースを持っていかれないように要所要所で攻める必要はある。

インタビュー、枡アナが僕に尋ねる。

「開成が新潟に勝るところは何ですか？」

うーん、ちょっと困る。勝ってるところも負けてるところもいっぱいあって、それの総和として勝負の結果があるのだ。選びきれない。

「経験です」

確実なことしか言えなかった。相手だって二度目の出場、経験はある。イイことを言う余裕はみじんもない。やはり、緊張しているのか。

対する新潟、開成に勝るところを聞かれて、

「チームワークです」

ここで火がついた。

チームワークならば我々のチームに勝る相手のほうが少ない。チームワークとは仲がいいことではなく、チームの三人が一つのまとまりとして有機的に働きをこなすことだ。その点、ウチのチームは強い。

そうだ、俺が緊張していたって良いのだ。三人での勝負。素晴らしい二人が横についていてくれることを、もう何度も実感している。

理由のわからない緊張はまだ抜けていなかったが、無理やり勝負に入り込んでいくしかない。その点で、チームワークの話が出たことは勝負の火が灯るのには都合が良かった。

一問目。

「ギリシャ神話で、これを解いたものはアジアの／……」

ほぼ同時、点いたのは新潟。大場さんと僕が得意とする神話・世界史の問題、取られると痛い。解いたものがアジアの支配者になるという言い伝えの「ゴルディオスの結び目」を新潟が正解。

大事なのは、ここで相手に流れを引き渡さないこと。次の問題で焦って間違えるのが一番ダメ、ポイントを取られるのは二番目にダメ。早く押して、間違えない。短文クイズサークルA（あ）で見てきた古川さんイズムを思い出す。

二問目。

「災害医療の現場で／……」

よし！　これぞ俺の押しだ。

災害医療、という限定的な専門用語の時点でクイズに出そうなものは限られてきて、そこでさらに来た「現場」という単語が持つ意味は非常に大きい。現場というからには「その場の処置のために使われるもの」、さらに災害医療とわざわざ言ったのだから、通常の医療では使わないものに限定されるだろう。つまりは手術の道具などが出るわけではない。災害医療でトピックスになる単語といったらこれしかないはずだ。

ここまで絞っていく思考は、何もこの場で出たものではない。これまで何度となく繰り返し練習してきたのだ。正解するべき一問、冷静に攻める。

「トリアージ！」

正解。震災の少し前から新聞で話題となっており、実際に震災の現場でも使われていた、負傷度合いの識別タグだ。スピードで負けていないなら、知識で勝る我々の勝利は近い。

三問目。

「ハイチ独立運動の指導者として／……」

これもほぼ同時、点いたのは新潟。「トゥサン・ルベルチュール」を取られる。これは単純にハイチ独立運動の指導者を答えさせる問題、押してしまえば、まず間違えない問題だ。しかも、またもや世界史。取られたのは痛い。こちらは歴史に強いメンバー、対して正解した新潟の西村は理系だ。相手のスピード感は素晴らしいものがある。二問目と同じ気持ちでやるしかない。早く押して、間違えない。

四問目。

「全て答えなさい……」

全て答えなさい問題が来た！　問題の先が予測しやすいから早く押すのが鉄則！

「哲学者ベーコンが説いた／……」

わかった！　今度は点いた。

問われるものは、ベーコンが提唱した人間の先入観を指す「四つのイドラ」だ。基本問題、いけるだろう。

「洞窟のイドラ、劇場のイドラ……」

と二つ答えた時、気付く。あ、俺二つまでしか思い出せねえ。ヤバイ。とりあえず、チームメイトにそれをアピールするべく、一歩下がる。鈴木を少し見るが、知らなそう。鈴木が大場さんに促すと、大場さんも「え？」という表情をしつつ、「種族のイドラ」を答え、一歩下がる。

え、下がるの？　知らんの？

大場さんは鈴木を指さしている。ん？　ん？　焦る。誤答になるのか？

鈴木が知らなそうな表情をし、僕も戸惑っている。時間制限が迫る。

突如、大場さんがマイクに近づき、「市場のイドラ！」と、短くはっきり言った。正解！

ホッとした。本当にホッとした。僕のつまらないミスで誤答するところだった。押した判断自体は間違っていない、問題分析も正しい。ただ、サッと答えが出てこないピンチで、やはり頼りになるチームの要、大場さんの力が生きた。

「さすが大場先生、助かりました……！」

「え！　伊沢、知らなかったの？　みんなで一つずつ答えるもんだと思ってた」

改めてヒヤヒヤものだった。しかも大場さん、思い出したのは一年前の倫理の授業で習って以来だという。この人はどこまでも冷静だ。僕と鈴木は笑いながらも冷や汗。頼りになる最年長だ。

とはいえ、この問題を取ることができたのは大きい。もし取られていたら新潟にとっては折り返し。勢いのまま持っていかれそうだった。二対二。次、三点目をどちらが取るかが勝負だ。


五問目。


「小説『三四郎』を書いたのは夏目／……」

俺が押した！　パーフェクト。

これは春に開催された『ＳＴＵ』で優勝した時にも正解している、得意の問題だ。ここに来てツモ運も上々。しっかりと「ですが問題」を読みきり、小説『姿三四郎』の作者、富田常雄を正解した。

この問題、新潟はそもそも知らなかったようだ。知識の差を見せることができたのは今後のターボのためにも大きい。相手はこちらの知識の量に対してスピードで勝負せねばと思うだろう。それが正確性を失わせ、悪循環を招く。いずれにせよ、この問題が来たこと、そしてそれを正解できたこと、かなり有利だ。

六問目。

「黒体が放出するエネルギーは／……」

またも開成。これは全員わかっている問題だろう。新潟も押していた。この問題で押し勝つことができたのは、ひとえに状況の有利さ故。流れはこっちに流れている。地学で習う物理法則「シュテファン＝ボルツマンの法則」で正解し、リーチ！


リーチの時の僕の鉄則。

次の問題を攻める。

勝ちに手がかかった瞬間こそ攻め時だ。リーチをかけられた新潟は「自分たちが攻めないと！」と思い、僕たちのことが見えなくなる。自分が正解できるかどうかに注意がいき、本当の開成ではなく、幻想の開成のスピードと戦い始める。先走って押すポイントを間違えるか、正解したいという気持ちが不要なほどの待ちを生むか。追い込まれたチームは、敵を正しく見積もれなくなる。

つまり、僕たちは、いつもどおりやればいい。最初の一問のようなフラットな気持ちで、誤答を恐れず飛び込む。

リスクの背負い方こそが早押しクイズの本質。誤答してもポイントを失うだけ、相手に何かされるわけじゃない。リーチなんていう一時的な状態の機会損失を気にしても、なんの意味もないのだ。

攻める。

七問目。

「今年亡くなった女優、エリザベス・テイラーが……」

よし、時事が来た。『高校生クイズ』の対策として時事問題をおさえる学校はほとんどない。出題される機会が大変少ないからだ。しかし僕はクイズサークル玉Qで徹底的に時事問題を覚えてきた。毎月全員が問題を作ってくる玉Qでは、ネタとして使いやすい時事がたくさん出るのだ。

頭の中に答えの候補が二つ。彼女がアカデミー主演女優賞を獲った作品である『バターフィールド8』か『バージニア・ウルフなんかこわくない』のどちらか。点数の利を活かしてじっくり見極める。

「～四十五年前にアカデミー主演女優／……」

あ、押してしまった。我慢できなくなって押した。リスクを冒して攻める意識が僕の手を動かしてしまった。

でも大丈夫。シンキングタイムも含めて早押しクイズ。焦らず、一つ一つ詰める。

四十五年前のアカデミー主演女優賞がどちらの映画かはわからない。ただ四十五年前、とわざわざ明示する以上、問題文は分岐しないストレートなもので、故に答えはどちらか一方のタイトルである。

『バターフィールド8』はタイトルも地味、有名じゃない。対して『バージニア〜』は答えも長いし、有名な作品だ。長大語は『高校生クイズ』に頻出。選ぶならこっちだ。

二人に答えを耳打ちして、せーのっ、

「バージニア・ウルフなんかこわくない！」

隣の新潟から、小さく「あーっ、そうだ」という声が漏れ、数秒後、正解音が鳴った。


勝って、脚の震えが止まった。単に緊張していたわけではない。多分、負けるのが怖かったんだろう。怖くて震えていたんだと思う。

もう負けて失うわけにはいかない、いろいろなものを背負ってきた。早押しだけは、全力を尽くしても負けることがあるし、全力を尽くせずに負けることすらある。その不透明な怖さから、ようやく解放された。早押しをしている時は「機会損失を恐れずに」、なんて考えられるのに、勝負全体に対しては失うことを怖がっている。良くない状態だった。勝ててよかったが、練度の不足だ。リスクのない勝負なんてないのに。

大場さんはいつもの様に表情を変えず、侍のように佇む。鈴木は少しだけ安堵して、いつもの飄々とした様子に戻った。僕はやっと一息ついた。勝負の最中に恐怖の正体に気付いてしまったら、気持ちが守りに入っていただろう。横の二人がいなかったら、自分は気持ちを崩して負けていたかもしれない。いざという時に、彼らの知識に助けられた。

間違いない、僕たちの持ち味は経験以上にチームワークだった。

準々決勝は、どの対戦も順当に終わった。浦和と早稲田は激戦を演じたが、佐谷さんのスピードが勝った。そして札幌南は名大附を完封し、強さを存分に見せつけて勝利した。勝負はやはり、思っている以上にシビアだ。勝利への安堵と、仲のいいチームが負けた悔しさが混ざり合う気持ちのまま、宿に帰った。

その日の夜はみんなで集まった。勝ったチームも負けたチームも、浦和が泊まっていた部屋に集まってはしゃぐ。みんなで『熱闘甲子園』を見て、コンビニでお菓子を買ってダラダラと過ごした。もうすぐ終わってしまう祭りの余韻をどこまでも引き伸ばすかのように。

僕達の甲子園2〜準決勝

翌日も早起きだ。いつもなら収録の翌日は休日だが、この年は日程の都合で準々決勝後、すぐに準決勝の収録があったのだ。

勉強ラウンドである準決勝を戦うにあたり、頭が動かないことにはどうしようもない。ギリギリまで寝て、鈴木を起こし、バタバタとロビーに集合した。

ロビーに着くと、スタッフから「これ、伊沢くんに」とあるものを渡された。

大会一日目、新潟に貸したクイズの問題集だった。表には、セロテープで貼ったメモ帳に、「ありがとう　頑張って」の文字。すでに彼らは帰路についており、直接応えることはできなかった。早起きすればよかった。

改めて、何度も改めて思う。負けていった仲間の分も、不甲斐ない姿は見せられない。

スタジオに着き、いつものようにロビーで甲子園を見ながら今日のことを考える。

去年とよく似た状況だ。全国模試一位の旭川東・塩越さんの代わりに、三人揃って成績の良い灘がいる。他の高校も理系が多い。開成は前回と同じ文系二人、理系一人の布陣だ。

問題は例年三問限定。理系が二問出題された場合には最低一問取らなければ敗退に直結する差が付く。おそらく一問目に出るであろう、難易度の低い理系問題をキッチリとおさえておきたい。毎年二問目に来ていた古文漢文は、僕たちにとっては必答だ。成績の良くない僕だが、古文漢文は先生が好きだったので気合を入れて授業を受けていたし、校内模試でどちらも学年一位を取ったことがあった。このラウンドで僕が持つ唯一の強みだ。大場さんにとっても得意ジャンルである。しっかり取って二問目の段階で勝ちを決められれば上々。そうなると、勝負は一問目、キーマンは鈴木だ。

僕も去年とは違い、リーダーだ。できない理系問題でも、鈴木の話を聞きつつ作戦を立てチームをコントロールしなくてはならない。準々決勝で確信したチームワーク、どう活かせるか。

去年のような緊張感がないのは、田村のいた前回とは自分の立場が違うからだろう。

去年の準決勝、僕は何もできないと思っていたからこそ、運否天賦で決戦を迎え、勝利への確信のなさゆえ緊張していた。

しかし、今年は僕がなんとかしなくてはいけない。たとえ理系の問題でも、僕がどう舵を取るかで運命が決まる。もちろん古文漢文は主導していかなければいけない。勝負の行方が自分にかかっている。

よし、去年よりいい、去年より楽しい。主導権は俺が持っている。俺の運命を俺が決める。

本番が始まる。今年も三問の勉強クイズだ。どんな問題が出るかはわからないが、捨てる問題などない。灘、早稲田、札幌南。全メンバーのうち高三生は佐谷さんと大場さんだけという状況はありがたい。そのメンバーを踏まえると、少し簡単な問題が出ることが予想された。なおさら、落とせないのである。

一問目、昨年に引き続き、ノーベル物理学賞受賞者の益川敏英さんからの出題。予想通り物理系だ。問題は……「宇宙の大きさを計算せよ」。

ありがたい出題だった。宇宙の年齢を一三七億として、その間に光の速度で拡大していった宇宙を想定するという設定。そして宇宙の形は完全な球と仮定するそうだ。

つまりは、半径〇の状態から一三七億年かけて光が進んだ距離が宇宙の半径であり、宇宙を球とするのだから、求めた半径を球の体積の公式に代入すれば終了だ。でかい球の体積を求めるだけの問題。文系の僕でも道筋はわかる易問だった。桁がもの凄いことになるので、それだけは注意だが、原理がわかっていると舵取りもしやすい。

鈴木と相談し、とりあえず条件を整理したあと、三人それぞれに計算して最後に見せ合う方法にした。一回戦では探査機の突入速度の計算問題を鈴木一人に任せて落とす失敗をしたが、この問題ならトリプルチェックが可能、つまりは一番ミスを見逃しにくい方法で取り組めるのだ。

あとはひたすら長い長い計算を進めるだけ。大場さんが余裕を見ながらほかの二人の計算過程を俯瞰し、間違いをチェックしてくれている。去年の経験を活かしたバランサー役だ。スピードは鈴木が一番。何度も何度も感じることだが、二人は本当に頼りになる。三人の答えを合わせてみると、確かに同じ値が出た。鈴木が確認するように答えを丸で囲んだ。信頼できる値になった。フリップに落ち着いて書き込む。よしよしよし、スタートダッシュは完璧だ。想定より遥かにいい。あとは間違いがないことを祈るだけ。

開成の答えは「9.1×10の78乗立方メートル」。灘とは答えがかぶった。早稲田と札幌南は違う。これは期待が高まる。

そして、正解は開成と灘。落ち着いた笑みを見せる鈴木と小さく頷いた大場さんに強くハイタッチ。この問題が解けたこと以上に、安定した滑り出しを見せられたことが大きい。落ち着いて次に臨める。次の古文漢文も同じことをするだけだ。

二問目、やはり漢文が出題される。

従此東行入大流沙沙則流漫聚散随風人行無迹遂多迷路四遠茫茫莫知所指是以往来者聚遺骸以記之乏水草多熱風風起則人畜惛迷因以成病時聞歌嘯或聞号哭視聴之間怳然不知所至由此屢有喪亡蓋鬼魅之所致也行四百余里至覩貨邏故国国久空曠城皆荒蕪従此東行六百余里至折摩駄那故国即沮末地也城郭巋然人煙断絶

今年のお題は玄奘三蔵（西遊記に出てくる三蔵法師のモデルとなった僧侶）の『大唐西域記』だ。世界史でもよく出てくる書物だが、漢文の題材として読むのは初めて。しかも旅の記録なので、内容は多岐にわたり、通り一遍の見当では正解できない。文章量も百四十文字ほどと多かった。手強い敵だ。

問は、「砂漠を通る人が道に迷わないように取っている対策を読み取って述べよ」というもの。問題自体はそこまでファジーではない。正確に読めれば、去年のように何を書くかで迷う必要はない。ロジカルに読んで、前後の文脈との整合性を取る。想像力だけでは行間を埋めづらく、正確な漢文読解力が問われる。しっかりとした漢文力が問われる良問だ。

シンキングタイムスタート。まずは正攻法、サッと読んで関係のなさそうなところを削る。後半部分ではどこだかはわからないものの、砂漠を通過し終え、到着した場所の様子が書かれてあった。ここは一気に不要。前半の六十字程度に意識を絞る。丁寧に返り点を振り、送り仮名を書いていく。

そして、序盤に記されていた「往來者聚遺骸以記之」という一節にたどり着いた。往来者、つまりは旅人が、遺骸を集めて何かを記したようだ。「聚」は集める、という意味の漢字。秀吉が作った聚楽第《じゅらくだい》は「楽しみを集めた豪邸」の意を込めて名付けられたという知識から引っ張ってきた。

残るは「以って記す」。遺体に何かを書いたのか、それとも何かを示すための道具として遺体を使ったのか。文脈を追う。漢文は英語と同じ、ＳＶＯ順の文型をとる。したがって、記すという動詞の目的語は「記す」という言葉のあとに来る。遺体に何かを書いたわけではなさそうだ。「記す」のあとには「水草」や「熱風」の文字。……いや、おかしいな。水草や熱風のあるところがわかったところで、道に迷わないことはない。

迷って少しして気付いた。漢文の白文には句点がふられていない。つまり、「記す」で文章を切り、目的語を省略しているならば、「記す」のあとはまったく関係がないはず。省略されているということはその目的語が自明な場合。では何を記すのか。

道に迷わないために記したいものは？

もちろん、道順だ。

先ほどの九文字の上のほうには「四遠茫茫莫知所指」と書かれていた。簡単に言えば、全然方角がわからないような、迷いやすいところにいる、ということだ。そして、この文のあとに「是以往來者聚遺骸以記之」と続く。つまり、遺体を集めて何かを示したのだ。となると、示すべきものは一つ、道順だ。

よし、発見。これでロジックも通るし、「道に迷わないための対策」という問題にもキレイなヒットを打ち返せている。

一から図を書いて二人に論理関係を説明し、納得してもらえた。チーム開成、これで決定。

制限時間が終わった。早稲田は「人の死体を集めて、水草の乏しい所や熱風がよく吹く所を示した」、札幌南も「遺骸の集まりを危険な場所の目じるしとする」。この二つは僕が最初に陥ったミスと同じ。文字を拾ってそこに自分の想像を足してしまっている。正解ではないはず。不安になるが、大丈夫、俺は論理的だ。

灘は「死体を使って情報を書き残す」。「遺骸を以って」の解釈が曲がったか。「記す」を意味通りに捉えるとそのような予測ができなくもないが、正しい文法にしたがって読めばそうはならない。ボードを最後に開けるのは開成。吟味して、これ以上ない解答を、見せつける。

「往来者が、遺骸を集めて目印にすることでルートを示すようにしている」

「聚」という字を読み飛ばしていないことを「集める」という言葉に込め、「記す」という言葉を無視して書いてしまうとケチのつけどころになるので、「目印」という「しるす」の意味の言葉を選んだ。どうだ！

ビジョンに正解が表示される。

「行き交う人が遺骸を集め正しい道すじの目印とした」

パーフェクトだ。「集める」へのこだわりも解答に活きた。ハイタッチの時、強く鈴木の手を握った。

これで早稲田と札幌南に二点差をつけた。つまり、決勝進出が決まった。しかし、それは三人にとってあまり関心がなかった。正解のつもりで答えを出したので、決勝がほぼ決まったであろうことはすでに心づもりができていたのだ。それ以上に、もっと正解を、もっと強さを、という気持ちが僕たちをイケイケモードに乗せていた。ただただ、目の前の問題を解決していく楽しさ。完全優勝に向けて、もっと開成の強さを相手に、そして自分たちに見せつけておきたかった。三問目、早くやりたい。

三問目は過去の回と違い、多答クイズだった。複数の答えがある問題が出題され、一番多く正解を書けたチームにのみ点数が入る。新しい試みだ。おそらく今までの問題よりかなりクイズ寄りの問題が出る。早稲田と札幌南にとっては嬉しい展開、逆に学業成績の良さで差をつけたい灘にとっては若干不利に働くだろう。当確している開成には関係ない。問題を楽しもう、というテンションだった。

そして、それが更なる好循環を生む。

出された問題は「地球上で行われた紀元前の戦いの名称をできるだけ多く答えなさい」

聞いた瞬間、顔を見合わせた。吹き出すように笑う。僕にとっての準決勝は終わった。肩の力が抜ける。僕のやることは、鈴木と二人で横に掃けて、指をくわえて見ているだけだ。

開成が誇る歴史博士・大場悠太郎の表情は、問題に対しての喜びに緩むのではなく、己の限界に立ち向かうアスリートのように、キリっと引き締まった。

あとはもう、僕は大場劇場の観客だった。確認するように独り言を言いながら、テンポよく解答を書き込んでいく大場さん。それを見ながら、ただ笑っているだけの僕。ただただ飄々と文字を連ねていく大場さんは、五分ほどの間止まることがなかった。もはや目標は他のチームに勝ることではない。大場さんの知っている総数にいかに近づけるかという、自分自身への挑戦だった。答えをサッと見なおして、さらにいくつか書き足した時、終了の合図が鳴った。

判定を待つ間、僕は気になったことを聞いてみた。

「大場先生、グ・エディンの野戦ってなんすか?」

大場さんが書いた二十以上の戦いの名前は、だいたいが見かけたことくらいはあるものだったが、この単語だけは初見、しかも野戦という珍しい名前がついていたので気になったのだ。

大場さんは晩ごはんのメニューを答えるように、表情一つ変えず答えた。

「あぁ、あれはシュメール人の都市国家同士が単なる原っぱを巡ってやった戦いだよ」

声を出して笑ってしまった。なんでそんなものを知っているんだ。五年間一緒にいる僕でも、この人の底が知れない。「たしかエデンの園の名前の由来になった場所だよ」と豆知識まで加えてくれた。

他のチームの解答が発表されている間も気持ちが楽で仕方がない。そして、大場さんの恐るべき知識が招くであろう驚嘆の声を思うとワクワクしてくる。

結果発表。早稲田が十三、札幌南が十、灘が七。

そして、開成の正解数は、二十二。書いたものが全て正解。初めて大場さんが少し笑う。

解説に来ていた帝京大学の教授が「修士レベルだ」と本気で笑っていた。

開成に大場悠太郎あり。まさに、完勝であった。

結果として、開成は三問全てを取り、決勝進出。灘は最初の一問を正解し、他二チームは正解を出せなかったので、灘が決勝進出となった。

勝った灘も、負けた二校も少し落ち着いたような、諦めたような表情。それほどまでに大場さんの渡した引導は凄まじいものだった。


こうして収録は終わった。ホテルに帰るとすぐに荷造りをした。

大会日程上、決勝は一週間後に収録となっていた。いったん各自の家に帰り、決勝前日に機山館に再集合する。

その日は疲れていたので、特にみんなで集まることもなく夜を過ごした。

勝った余裕からだろうが、札幌南とは一対一で戦ってみたかったし、佐谷さんとも、より多くの問題で競ってみたかった。番組上勝ち上がるのは我々だけれど、もっとこの舞台でがっぷり四つに組み合いたかった。昨日まではあんなにリスクを怖がっていたのに、虫がいいものだ。

しかし、一度終わってしまった勝負を見つめると、もうあと一試合しか残っていないという事実が、いろいろな「たられば」を呼び起こした。

振り返るにはまだ早いけれど、寂しさを感じる。もう、この『高校生クイズ』は帰ってこない。

まだ終わりではないけれど、一旦終わってしまったお祭り。同じように寂しいなら、せめて今まで負けなくてよかった。最後も勝とう。そう心に誓って、機山館を後にした。

敗北、そして葛藤

そもそも『高校生クイズ』の日程が変則的になったのは、震災で中止になった三月の『ａｂｃ』が夏のど真ん中にずれ込んだことによるものである。クイズ研究部が多く出場していた『高校生クイズ』にとって、ガチンコの総本山である『ａｂｃ』と収録の日取りがバッティングしてしまえば、有力な出場校が減ることが懸念された。それほどまでに、『ａｂｃ』は学生プレイヤーにとって大きな存在だったのである。兎にも角にも、『ａｂｃ』は『高校生クイズ』の合間に開催されることとなる。

『高校生クイズ』の対策に追われていた僕は、そちらのスイッチを切ることもままならぬ状態で『ａｂｃ』へ向かうことになった。

この時期の僕は、『高校生クイズ』に向けて対策をしてきたことで、対策の一定の成果と、その副作用を抱えていた。

具体的には、『高校生クイズ』に出そうなお堅い問題、難しめの問題の完成度は過去最高。一方で、『高校生クイズ』ではあまり出題されない、短文の基礎問題のうち難易度が低いものや、芸能・時事の対策が不十分だった。

その状況の一端は、『高校生クイズ』直前の『若獅子杯』でも表れた。準々決勝のボードは一位抜け、準決勝の通過席クイズで李を破って決勝に進むことができたことは、すでに述べた通りである。しかし、知識で周りを凌げていても、早押し自体に半年前のようなキレはない。知識量で早押しのスピードをカバーし、なんとか強引に突破したという感じだった。その手法は、自分と対等なレベルの知識を持つ相手には通用しない。それは例えば大学生プレイヤーであり、当時さらに力をつけてきていた後輩・青木寛泰である。

『若獅子杯』決勝の相手はその青木だった。決勝は一セット十一点先取、通算二セット取れば優勝という、卓球を模したクイズ。

一セット目を十一－八で落とす。この時点で僕はかなり息が上がっていた。『ａｂｃ』で戦うために必要なスピード感は明らかに落ちている。去年の『若獅子杯』や『ＳＴＵ』で、負けはしたものの周りを圧倒していたあのころの押し、頭の回転がなかった。部活で早押しをせずに怠け、心を離していたツケが回ってきたことを感じた。青木相手に、ごまかしはきかなかった。ならば、逆にスピードを捨てて戦おう、正確性に全てを賭けて流れをつかもう。

その作戦は成功、第二セットは青木が誤答で形を崩し、僕が拾うという理想型に落とし込んで勝利した。６〇で誤答なし、青木の５×で十一点を取りきった。しかしこの作戦も、勝ち急いだ三セット目に自制心が効かず勝ち急ぎ、一気に崩壊。結局、スピード勝負に持ち込まれてセットを取られ、目の前で青木に優勝を決められた。

後輩への完全な力負け。努力し続けてきた青木、サボっていた自分。目を背けたい事実。だから、『高校生クイズ』の対策をしていた、という言い訳は便利だった。

この大会以降、のちに高校のクイズを引退するまで付き合うことになる幾つかの葛藤に苛まれることになった。

一つは、『高校生クイズ』チャンプとして。世間的にはわかりやすいアイコンであるこのタイトルも、クイズ界においては必ずしも「高校最強の証」にはならない。あくまでテレビショー、ガチンコのナンバーワンを決めるほどの格はない、というのが当時のクイズ界の考え方であった。

僕は『高校生クイズ』の舞台上では、常に知識で相手を圧倒し勝ち残ってきた。でも、オープン大会では負ける。いいところまでいって負ける。テレビに出れば高校生最強と呼ばれ、周りからもそういう目で見られるが、大会の舞台上で晒すのは、いつもいつも勝負弱い自分。嘘をついているような気分だ。強くなりたいと思っても、努力をしたつもりでいても、何かが足りずに僕は勝てなかった。

二つ目は、後輩に追い越されていくこと。青木ばかりでなく太田も強さを増してきた状況で、僕は壁であり続けることが上としての仕事だと思った。負けてはならなかった。高校一年生の時の『高校生オープン』で青木に敗れた際、あまりにもいい試合で負けたからこそ、僕は涙を流したし、青木の勝利を認めることができた。けれど、この『若獅子杯』は違った。僕の不甲斐なさ故の敗北。涙は当然出ない。感情を発露させるようなものではなかった。後ろ暗い悔しさ、後輩の壁になるという先輩としての仕事ができていない不甲斐なさ、そして何より、自分よりあとに始めたヤツに負けるなんて……」という苛立ちが残った。

自分の強さに、もうそれほど余命がないことも少しずつ感じてきていた。

もちろんクイズというのは人生のどこまでもついてくるものであり、たとえ引退を宣言しても生きていれば知識は増えていく。けれど、僕には大学受験があり、どうしてもクイズの勉強を中止しなければいけない時期が来る。クイズを続けつつ受験勉強するタイププのプレイヤーもいることにはいるが、僕にはそんな器用なことはできないとハナからわかっていたので、クイズの勉強は部活引退とともに辞めることにしていた。ただでさえ学校や塾のことが忙しくなってきた今、全てをクイズに賭けられるのは、この『高校生クイズ』が最後だと思っていた。同じ理屈で、震災前の『ａｂｃ』は全力を注げる最後の『ａｂｃ』だったし、それゆえに時間をかけて対策をした。五月からの『高校生クイズ』対策と同様にだ。

けれど、もうそんな時間も終わる。ピークを大会に持ってくることは強さの一部だが、僕にはその強さがなかったということだ。『ａｂｃ』と『高校生クイズ』、両方は取れない。焦りと諦観が、思考の悪循環を生んでいた。

八月二十日、『高校生クイズ』一時解散から間もない日、『ａｂｃ』が開かれた。会場は蒲田にある大田区民センター。のちに『ａｂｃ』の魔物が棲むとも言われるようになる場所である。勝負の場ではあるが、『高校生クイズ』以来の再会となる各地の強豪たちと挨拶を交わし、さながら大同窓会のようである。『ａｂｃ』はクイズ界で最も人が集まるイベントであり、交流の場としても重要なのだ。

とはいえ、僕にとってはやはりこの舞台での活躍、ペーパー八位からの即敗退という昨年の結果を上回ることが目標だ。できれば準決勝以上に進み、大学生たちを倒してその名を轟かせたかった。これまでの戦績を考えれば十分狙える。『高校生クイズ』寄りの知識でもなんとかできればいいし、戦いの直前にはネガティブな方向を向かないようにしていた。

しかし、ペーパークイズが始まると、すぐに違和感を覚えた。ペーパーは百問で、一問目から百問目に向けてだんだんと難易度は上昇していくのだが、問題番号一桁台から正解できたか不安な問題があった。基本的な問題を落とさず着実に点を獲るのが僕の本来のスタイル。過去に経験したことのない嫌な感触だった。序盤で結構な時間迷ってしまい、心は波立つばかり。頭がぐちゃぐちゃになって、解けたのか解けなかったのかもわからず二十分の制限時間が終わった。

『ａｂｃ』の休み時間に行われた団体戦『ＥＱＩＤＥＮ』では開成として準決勝まで勝ち進むことができたが、その間もペーパーの結果が気になるばかり。去年の八位まで取れてなくてもいい、なんとか矜持を保てる位置にいたい。僕にとっては、現役高校生として良い状態で臨める最後の『ａｂｃ』なんだ。焦りが、またも心を蝕み始める。

二回戦が始まり、ペーパーの結果が発表される。僕の結果はすぐにわかった。二組目、次々とターンオーバーで発表されていく名前を追うと、僕の名前が出てくると思っていなかった位置に、それを見つけた。

伊沢拓司。　四十六位。

四十六位？　俺が？

去年は八位だ。この一年間、社会人参加の大会ですら四十六位なんて順位は取っていない。ましてや夏の『ＳＴＵ』は大学生も混ぜた上で一位だった。不甲斐ない。悔しい。マイナスの感情を引きずったまま舞台に登る。のちに、僕が解答欄を数問ずらしていたとスタッフから教えてもらったが、それも当然。あんなに焦っていた中でペーパーを解いたのだから、たとえずらしていなくても点数はあまり変わらなかったし、焦るそもそもの原因が実力不足なのだから致し方ない。身から出た錆だ。

とはいえ、その場ではそんなことも考えられず、ただただ目の前の早押しに集中していくしかない、と無理に思い込んでなんとか解答席に着いた。言い聞かせるだけで終わってしまっていたような気もする。早くも、僕は打ちのめされていた。

ペーパーの順位は悪かった、対策も追いついていない。でも、この一年の僕は社会人サークルでいろいろな人と戦い、学生相手に十二分に勝負できる実力はついているはずだった。ここから押して勝ち上がる。

そう決めたつもりだった。

しかし、いざ早押しが始まっても、ボタンが点かない。押しても押しても。何だ今日は、と思った。

なぜ勝てない。とにかく、とにかく早く押せ。


開始十数問が過ぎた時。

「野球の硬式ボールは二枚の革を張り合わせたものですが、ラグ／……」

よし、いける！　点いた！

カチッ。っとボタンが鳴る音がして、問題の続きが聞こえた。

「ビーボール／……」

他の人が押した。

俺のボタン、点かねえ。

おかしい。誰かに正解の判定が出たあと、僕は手を挙げた。


僕のボタンは、接触不良で故障していた。すぐさま修理が入り中断。舞台上で立ち尽くし、頭の中を必死で整理した。なんていう日だ。ペーパーはできない、ボタンは壊れている。できることなら今日を全部やり直したかった。舞台の上で、本当にそう思った。『高校生クイズ』で積み上げたものなんて全部捨ててもいい、今この場から逃げ出したかった。

ボタンが復旧し、クイズが再開される。もう頭の中で何かをこねくり回す余裕はなかった。あるのは一つだけ。

「勝たなきゃ、勝たなきゃタダのかわいそうな奴で終わる。言い訳するザコに成り果てる。この場だけは、勝たないとゼロになるんだ」

感情に突き動かされて、今までの分も押す。

「疾風に勁草を知る！」「剣ヶ峰！」

普段落ち着いて答えを言うよう心がけている僕も、この日ばかりは叫んだ。全霊を傾けて戦った。夢中だった。

四人が勝ち抜け、残りの勝ち抜け枠は一つ。この時点で失格も四人出ていて、十二人がいた舞台上には僕を含めて四人しか残っていなかった。僕は４〇１×、勝ち抜けにも失格にもリーチ。他にもリーチをかけている人が一人二人いる状況だった。もう、後がない。ボタンがぶっ壊れていなければ今ごろ抜けていた。その思いを引きずらないでいることなんて僕にはできなかった。畜生、畜生。勝って見返してやる、この逆境を跳ね除けてこそ、チャンピオンだ。次の一問、何があってもボタンを先に押す、と決めた。イチかバチか勝負だ。自分が脳髄だけの存在になるような、濃密な主観の時が流れて、問題が読まれる。

「レーザーを角膜に／……」

俺！

マイクを握りしめて自分のほうに手繰り寄せ、ただ叫んだ。
「レーシック!!」
正解の音がした時、僕はマイクを掴んだ手を振り下ろしてガッツポーズをした。舞台上を飛び跳ねた。人生であそこまで感情を露わにしたことは一度たりともないだろう。床をドンドンと踏み鳴らして舞台を降りた。半分泣きそうになりながら、ただ勝った自分が誇らしかった。俺はまだやれる、これまでの葛藤を振り払える！　逆境が僕に自信を与えた。何か憑き物が落ちたような気さえした。

この二回戦、多くの開成メンバーや僕のライバルが初の通過を果たした。開成からは青木、太田、島田、鈴木。他校では鵜飼に岡崎。僕はこの全員にペーパー順位で負けた。鈴木に関してはクイズを始めてわずか一年で通過なので恐ろしい限りだ。一方、優勝候補筆頭の大美賀祐貴さんがまさかの二回戦敗退、その他にも強豪たちが多く敗退し、僕のトラブルなども含めて、何やら嵐の予感が漂っていた。

三回戦、ペーパー順位が低く二回戦もラスト抜けだった僕にコースの選択権はなく、一番不人気である10○10×に回された。不人気な理由は、完全実力主義ルールであることに加え、隅田好史さんと鳥居翔平さんというこの大会の優勝候補二人が前々から参加を表明していたからだ。特に鳥居さんはラストイヤーであり、なみなみならぬ意気込みでこの大会に臨んでいる。参加者五人に対し二つという勝ち抜け枠は、彼らの手にあるように思えた。

しかし、俺がいる。先ほどの興奮を通り過ぎた僕は、反動で冷静になっていた。このコースに割り振られた時もラッキーだと思った。僕は高校に入ってから大会の10○10×で敗退したことがない。得意な形式に、強者二人。今日の下剋上の気分にはピッタリだ。

そして、試合をリードしたのは隅田さんでも鳥居さんでもなく僕だった。珍しく上位二人が誤答でペースを悪くした隙につけ込み、正解を重ねる。もちろん、『高校生クイズ』対策で鈍った短文力はそう簡単に正解にたどり着いてはくれない。誤答で身を切りつつ5○4×で折り返すと、得意の時事で点を伸ばす。二回戦とは一転して、答える時は静かに、低く、答えを咀嚼しながら答えるようにした。二番手の隅田さんが折り返しに辿り着いたころ、僕はついに9○6×でリーチをかけていた。

誰もが僕の勝利を確信しただろう、それは僕も含めてだ。落ち着いて、一つ取ればOKだ。

それが、落とし穴だった。

逆境によって覚醒された脳は、状況が百八十度変わったその時、役目を終えてしまった。百

％以上の力を発揮するためのターボはすでに使い切っていた。

どんなに、どんなに押しても、ボタンが点かない。点いた問題は、答えがわからない。本当に、９〇まで積んだその時から、何も見えない真っ暗闇に突き落とされたように状況が一変した。

後ろから隅田さんと鳥居さんが迫ってくる。もがけばもがくほど前に進めない。クイズを始めて四年、こんなにも苦しい、前が見えない感覚は初めてだった。ボタンが点かない、点いたら誤答。気がついたら僕のスコアが９〇９×。あと一問、正解さえ出れば勝ち抜けられるのに。隅田さんが勝ち抜け、鳥居さんがすぐそこにいた。あと一枠、あと一問。今まで何万問と答えてきた、その中の一問に過ぎないのに、この先の一問がどうしても答えられない。僕は二十問近く何もできないでいた。


そして、鳥居さんは勝ち抜けた。僕は傍から見れば「勝てそうなのに押せなくなってしまった変な人」として負けた。

負けてしまえば、結果が全てだ。

決勝の最終セット、僕は大会が行われているホールを出て、ため息をついた。横には早稲田の岡崎遼。舞台上では、青木が躍動していた。青木は各ラウンドを苦しみながらもあれよあれよと勝ち進み、強豪たちの相次ぐもったいない敗戦もあり、ついに決勝まで上り詰めていた。

三セット先取の決勝は全員が二セットずつ取り合う白熱の展開から、青木が最終セットでリードを奪った段階だった。僕と岡崎は隣同士に座り試合を見ていたが、どちらからともなく「出ようか」と言って席を立った。

ロビーに行くと、同じタイミングで大美賀さんも出てきていた。三人で顔を見合わせ苦笑する。目の前で恐ろしく偉大な記録が作られようとしていた。青木の優勝、にわかには信じがたいその過程がいざ結果となって目の前に現れた時、僕たちは拍手できるほどの心の広さを持ち合わせていなかった。大美賀さんも僕も岡崎も、よくわからないままに負けてしまった。そんな中で勝った若きチャンピオンを、褒め称えることなんて……。

悔しくて情けない。

会場から大きな歓声と拍手が上がった時、大美賀さんは立ち上がってため息をついた。僕は天井を見上げた。

ロビーに戻り、大会が終わる。疲れ果てながら満面の笑みで舞台から降りてきた青木に、僕は強がりの笑みで「おめでとう」と言う以外になかった。その日、トロフィーを持って帰る準備をしていなかった青木は、僕にトロフィーを預けて、そのまま帰ってしまった。

残りの開成生で集まって夕飯を食べてから帰るという流れだったので、そのまま本来の持ち主がいないトロフィーを持ってサイゼリヤに入った。食事をしながらもいろいろな思いが去来する。このトロフィーを、持って帰って青木に改めて渡す。僕の今の気持ちでは無理だ。後輩に半ば無理やり預けて手ぶらで帰った。大会の途中で一度は解き放たれたと思った葛藤は、敗戦により一層強く心に刻まれた。僕の、努力の足りない僕の、しょうもない言い訳と一緒に。

二日後に行われた『高校生オープン』は、準優勝だった。ペーパー一位、三回戦以降は圧勝で全て一位抜け。青木は疲れからか三回戦で負けてしまい、僕は太田や佐谷さんを準決勝で倒して決勝に進んだ。二度目の制覇への状況は万端だった。しかし、難易度の高い決勝の問題群に対し、正解を多く出すことを優先して攻めた結果、誤答で沈没。同期の島田に優勝を許す形になり、またしても身内に敗れタイトルを逃した。

『高校生クイズ』でも学んだこと、優勝と準優勝は果てしなく違う。そして、今まで勝ってきた同期に負ける悔しさ。自分にとって「本気で臨める最後の大会」が一つ一つ終わり、そのたびに勝てない悔しさを噛みしめる。勝てないのに「クイズ王」と呼ばれ続ける悔しさもセットだ。

楽しくクイズをすることを、僕は久しく忘れていた。

僕達の甲子園2～決勝

『高校生オープン』の四日後、午後四時。僕らはまた機山館に集合した。集まったのは開成と灘。決勝で戦う二校のみだ。たった六人ということもあり、『高校生クイズ』二年目で初の全員個室、という好待遇だった。

部屋でのんびりと荷解きをしていると、李が訪ねてきた。夕食までは時間があったので二人でいろいろと話した。李も『ａｂｃ』では二回戦で負け、目の前での青木の優勝に悔しい思いをしていた。東と西の違い、今までの『高校生クイズ』の戦い、夏の『若獅子杯』での対決。僕は自分の中に生まれてきたいろいろな苦悩についても話した。

「なんでテレビではここまで来られて、大会では勝てないんだろうね。どっちも勝ちたいし、どっちも勝たなきゃ意味がないんだ」

後輩の活躍すら喜べないほど、俺たちは勝ち負けにこだわっている。だからこそ、最後には勝ちたい。二人の思いは共通していた。

そしてそれは、明日の対決についても同じだった。勝たなきゃ、優勝しなきゃ、他人に、そして何より自分に認められないのだ。

その夜は夕食後、灘の三人とテレビで映画を見て過ごした。『ヱヴァンゲリヲン新劇場版：破』だった。劇中で流れる「今日の日はさようなら」が頭の中でループし続け、次第にそれは『高校生クイズ』という祭りの終わりにクロスフェードした。

明日で終わる。この夏のクイズが終わって、積み重ねてきた負けを挽回する機会はなくなる。勝たなきゃいけない。勝っても僕の憂鬱は晴れないだろうけれど。

翌朝は九時に起き、出発の十五分前にロビーに降りた。灘の三人は早くも待ち構えていたが、開成は僕一人だった。いつまでも来ないチームメイト二人が気になって戻ると、なんと二人とも個室でのんびりしていた。のんびりというか、大場さんは集合時間を一時間間違えていて、鈴木にいたってはまだ寝ていた。急いで起こし、スタッフさんの大目玉を食いながらスタジオに向かった。決戦を前にして肝の太すぎる二人、リーダーの僕が一番小物に思えた。でも、そんな二人がいてくれて安心だ。

スタジオに着いたら着いたで大変なことに気付いた。僕はスタジオに私服で入ったのだが、撮影で着る制服のズボンを埼玉の我が家に忘れてきてしまったのだ。もちろん、右ポケットには祖父の遺髪と突破石が入っている。急いで母に電話し、四ツ谷駅まで来てもらう。富田プロデューサーにその話をすると、わざわざ駅までついてきて母に挨拶までしてくれた。母も文句一つ言わず、僕に紙袋を渡してヒトコト、「頑張ってね」と言った。

朝からバタバタしっぱなしだったが、楽屋で落ち着くと少しずつ感覚が戻ってきた。お祭りの感覚、そしてその中心で踊る感覚。クイズに対してナーバスになっていた心が、喧騒の中に埋もれて消えていく。トラブルに加え、母や富田さんの優しさ、控室にインタビューを取りに来る顔見知りのクルーの方々、そんなワイワイガヤガヤが囃子太鼓のように僕を盛りたてる。

明日からはまた、厳しい勝負の世界で一人、努力という辛くて先の見えない過程を踏まねばならない。でも、今日は『高校生クイズ』だ。いろんな人のいろんな思いがこもった舞台。負けてはいられない。相手も長年戦い続けてきた灘。楽しくぶつかって跳ね返してやりたい。

今年も出てきた今半の牛すき弁当を頬張っていたら時間が来た。大場さんも鈴木も、約一週間の中断期間を経てどこかリフレッシュした晴れやかな顔。特に鈴木はやる気に満ちていた。『ａｂｃ』を一年目で通過したという結果による自信と、今日のために積み重ねた対策とが彼をさらに一回り強くしていた。よし、万全の開成だ。

勝負はすぐに始まった。ルールは例年通り、ボードクイズ十点先取。

一問目。

「医学のシンボル『蛇の巻きついた杖』のことをギリシャ神話に登場する医療の神様の名前から何という?」

これは決勝の問題としては標準レベル、相手も正解するだろう。相手は大好きな灘。強いことなんてわかっている。自分のするべきことをするだけだ。「アスクレピオスの杖」で両者正解。戦いはいつも静かに始まる。


二問目。

「ハンス・モーリッシュが提唱した、植物が他の植物に及ぼす作用を何という?」

うーん、これ生物の授業でやったけど、なんだっけ。出てこない。いきなり二問目で出てこないか。調子がいい時というのは、クイズ以外のところで仕入れた知識がすんなりと問題文に寄り添ってきて、スッと答えが出てくる。結局「アレロパシー」を「フィトンチッド」と誤答。灘も間違えてタイのまま。

とはいえこの問題、僕の今日の調子がわかった点では良かった。今日は爆釣日ではないようだ。ぼちぼちくらいの調子。授業で習ったものを思い出せないのは正直もったいなかったが、ならばなおさら、無理せず丁寧に。

三問目。

「十九世紀イタリアで生まれた『道化師』や『カバレリア・ルスティカーナ』に代表される、日常生活が題材のオペラを何という？」

よし、わかる問題が来た！　誤答が続くのは良くないからよかった。灘は知らないこともありそう、と期待しつつ「ヴェリズモ・オペラ」と書いた（結局、灘も同じ答え）。両者正解で二対二。

四問目の「ギネスブックを創設した兄弟」マクワーター兄弟も両者正解。

五問目「ンジャジジャ島」は両者誤答。

六問目「サントリオ・サントリオ」、七問目「カナの婚礼」両者正解。

同点のまま五対五、折り返しまで来た。悪くない。相手がわかる問題をこちらが間違えないところからスタートだ。僕らには他人に差をつける知識がある。それを信じることができれば、状況は打破できる。


八問目。

「過飽和した水蒸気の凝結を利用して荷電粒子の飛跡を見る装置を、発明者の名をとって何という？」

むむ、これはマズイ。答えが「〇〇の霧箱」であることはわかるが、発明者の名前を忘れた。単に「霧箱」とだけ言うことも多いからだ。似たような装置である「泡箱」の開発者ドナルド・グレーザーが頭の中で邪魔をしてくる。とりあえず解答欄の下のほうに「きりばこ」と書き、二人を見る。大場さんはわからない顔。鈴木が首をかしげ、ペンを執る。

「多分だよ、多分だけど、こんな感じじゃなかったかな」

と、彼は解答欄の上に「ウィルソンの」と書き足した。確かに、こんな感じだった気がする。これでいってみよう、ということになった。

灘の答えは「ウォレンの霧箱」。これではなさそう。両方×なら悪くないな、と思っていたら、開成に対して正解の判定。

鈴木の大ファインプレーだ。インタビューを振られた鈴木は「どこにでもいそうな名前の人だったなーというので覚えてた」と答えた。いやいや、どこにでもいそう、からウィルソンを引っ張ってくるのは確かな知識ゆえだ。一回戦でも度々ファインプレーを出した鈴木が、ここに来て俄然力を発揮している。一点のリード。

九問目。

「グリニッジ天文台の初代台長は誰？」

ＯＫ、これはしっかり覚えているぞ。高一の『高校生オープン』で太田に押し負けて悔しかった問題だ。「フラムスティード」で開成正解、灘は間違えて点差は二点。七対五だ。かなり有利、去年もこうやって差をつけて勝った。このままこのまま。

十問目。

「磁場の強さを表す単位に名を残すデンマークの物理学者は誰？」

うん、これもOK。去年の決勝で「キーゼルバッハ部位」を誤答した時、この答えを代わりに書いた。まさかそれを正答としてボードに書くことになるとは。運命のようなものだなぁと思いながら「エルステッド」と記した。灘も同じ答えで、両者正解。

開成、優勝まであと二点。自然に笑みが溢れる。戦いを楽しめている。やはり、勝ってなんぼなんだ。

十一問目。

「ドビュッシー作品で唯一のオペラは何？」

久々の文系問題、しかもこれは優勝した回の『高校生オープン』決勝で正解した、馴染みある問題だ。

しかし、答えを書いて気付く。僕たちの答えは「ペレアスとメリザント」。最後の「ト」の一字、「ド」が正しいような気がしなくもない。三人で話し合い、ヨーロッパの言語によってはドの音をトと発音する場合もあるからいいんじゃないだろうか、ドにして×を食らうと精神的にきついからこのままにしようという結論に。

解答時間が終わり、灘の答えは「ペレアスとメリザンド」。答えが割れた。結果、灘が正解で開成は誤答となった。実際にメリザン「ト」、ではなかったのでちゃんと覚えてない僕たちが悪い。痛いけど仕方ない失点、これで一点差。

十二問目。

「元々宇宙に生命の種が満ちており、それが地球に飛来して生命の起源になったと考える学説を何という?」

よしこれも知っている。どこかの問題集で読み、エクセルにまとめたものだ。灘の答えは「シード仮説」、知らなくて適当に書いた解答だろう。うちは「パンスヘルミア説」。これでリーチ!

と、思ったが鳴ったのは誤答音だった。思わず、「あ、マジで?」と漏れる。答えは「パンスペルミア説」。よく考えたら、ギリシャ語で「全ての」を意味する「パン」と、「種」を意味する「スペルマ」の複合語なのだから、「ヘルミア」になるはずがないのだが、問題集で仕入れた知識を確認もせず丸覚えしたバチが当たった。深く考えないで言葉だけ覚えていても意味はないのだ。二問連続でショボい間違い方。細かいミスで問題を落とし続け、本来ならば今の問題で優勝できているところを足踏みしてしまった。

「大丈夫大丈夫、知識で勝ってる」と二人に言う。しかし、その実、僕の体から冷や汗が出てきて、まとわりついてきていた。大舞台での二つの失敗、リードはしていても特段いいところがあるプレーではない。序盤で感じた通り、今日はあまり良くないみたいだ。

しかし、切り替えなきゃいけない。さすがにこんなミス、何度も続くわけじゃない。美しいプレーではなくてもいい。こういう時こそ楽しく、平常心で。それが信条だったはず。

しかし、状況は開成にとって不利だった。二度も刺しそこね、思わず鵜飼が「あぶねー」と小声でつぶやくほどだ。相手に知識の広さを見せつけた点で意味がなかったわけではないが、灘は僕との付き合いも長く、いまさらこういうところで自分を大きく見せる必要はない。むしろ、ちゃっちゃと勝負を決めないと相手の流れになりかねない。

そして出された十三問目、理系の問題「グリニャール試薬」を開成が誤答、灘が正解で八対八。ついに同点に追いつかれた。

苦手ジャンルであり仕方ない失点とはいえ、状況は良くない。くだらないミス二問のあと、点を取られて追いつかれる。

しかし、やれることは、ただ目の前の問題を答えるだけ。相手の得意ジャンルが来たら、それはそれと諦めるしかない。それくらいの知識を、俺は今まで入れてきたはずだ。鵜飼がインタビューで言う。

「今この展開を楽しめている。このままずっとやっていたい」

敵ながらいいことを言う。相手が調子づく展開とはいえ、これは僕もその通りだ。自分のミスで追い込まれた境地、前にも後ろにも倒れそうなひりつく焦燥感。でもこれは一週間前に『ａｂｃ』のペーパーを解いていた時のような、モヤのかかった焦りとは違う。勝つも負けるも自分たちにかかっている。明確な目標に向かう途中での困難が、僕を熱くさせてくれる。まっすぐ勝利へと焦がれる気持ちだ。

早く、次の問題を。


十四問目。

「『雪山讃歌』の作詞者で、日本初の南極越冬隊隊長を務めた人物は誰？」

うん、わかる問題が来た。相手の出来次第だが、とりあえずは相手リーチでこちらが追う展開にはならない。指をくわえて相手の優勝を見ているようなことは嫌だ。『ａｂｃ』で味わったあの悔しさはもうごめんだった。ミスをしないこと、それだけに細心の注意を払う。

開成の解答は「にしぼりえい三ろう」。正答は「西堀榮三郎《にしぼりえいざぶろう》」だが、ミスしそうなポイントをひたすら避けた。堀、栄、郎のような漢字でミスをすることも、「さぶろう」なのか「ざぶろう」なのかというところで失点することも許されない。元々開成の戦略として極力ひらがなで書いて点を落とさないとは決めていたが、ここに来てもなお注意を払い、絶対に減点されない解答を作った。灘の解答は「町田佳聲《まちだかしょう》」、作曲家の名前をとりあえず書いたといった感じだ。

正解は開成。九対八で、ついに王手。

勝負を、祭りをもう少し楽しんでいたいけれど、勝機を逃すわけにはいかない。もう二回もチャンスをスルーしてしまった、三度目はない。次で決める。


十五問目。

「日本名を北知床岬という、サハリン島の東端にある岬の名前は？」

知らない。というかこれはかなり難しい、灘も知らなそうだ。こんなんでポイントを取られたらたまったもんじゃない。あまりにも目立ったトピックがない問題文だ。南北に長いサハリンの東端なんてどうでもいいのだ。分からない以上、やれることは一つだった。

相手が知らない、北海道っぽい名前を作ろう。「それっぽいのつくります」と二人に宣言、笑いながら「ウルカップ岬」と書いた。大場さんも「うんこれ、それっぽいよ」と太鼓判。僕たちは、一点というわずかなリード以上の自信があった。経験と努力に裏付けられたこの自信が勝負を楽にしてくれている。くだらない失点をしたけれど、知識量自体で負けた場面は少ない。この状況を楽しめている。好循環に入った。

解答発表。灘は「ノサップ岬」と解答、これは北海道本島の地名だから正解ではない。開成にとってはリーチ、灘から見たらこの問題で負けてしまうかも、とハラハラなはずだ。ならば、その気持ちを逆手に取ろう。開成の解答が表示されると、三人で気合を入れて、まるで勝利を確信しているかのように発声した。

「ウルカップ岬！」

笑って、自信満々に振る舞う。当然ながら結果は両者誤答。灘の三人がため息をつく。「良かった」という声が漏れ聞こえる。

良かったのはこっちだ。ここで相手は気が緩み、こちらの誤答への期待感が膨らむ。崖っぷちに立たされた背水の陣から、一歩だけ前に出させる。極限に追い込まれた時に発揮される脳髄を振り絞っての「思い出し」、これができない状況まで引き戻す。どうせ正解できない問題なら、こうやって揺さぶりの道具にする。これが勝負だ。

さて、あとは堂々と正解するだけ。こちらが正解すれば、問答無用に決まる。小手先の技術で勝ったと後々言われたくないから、きっちり正解して勝負を決めよう。

十六問目。

「一高時代に二塁手として活躍し、『野球』という言葉を作った明治時代の教育者は誰？　漢字で書きなさい」

よし、知っている。

ただ、漢字で書きなさいと来たか。開成の徹底したひらがな戦略は見栄えが悪い、というテレビ的な判断だろう。最後くらい漢字できっちり決めてくれ、ということだ。よりによって漢字の難しいこの問題でそう来るか。とはいえ優勝のかかった問題、トライするしかあるまい。

答えは「ちゅうまんかなえ」。「中馬」、と苗字まで書くと、鈴木が「俺書けるよ」と言ってくれた。

「中馬庚」

書ききった。決勝戦の最後の最後までできて、補い合えるこのチームの凄み。予選から最後の問題まで、やはり今年の開成の持ち味はチームワークだった。完全優勝を成し遂げるべく組んだこのチーム、やはり、やはり去年以上に強かったはずだ。

大場さんが少し笑って「これなんて読むの?」と聞いてきた。ウイニングアンサーだ、最後は三人一緒に発声する。いよいよ勝ちを意識する。今年も、優勝した。嬉しい。

灘の解答は「正岡子規」、オーソドックスな誤答。よし、我々の答え!

「せーの……」

「「ちゅうまんかなえ!!!」」

心配は漢字があっているかどうか。とはいえ鈴木の自信を見る限り、間違いということはないだろう。

自信を持って、それでも自信をくじかれそうな長い長いタメのあと、二連覇を告げる正解音が鳴り響いた。

ガッツポーズ、そして何度目かわからないハイタッチを、今までで一番強く交わした。

大場さんは少し笑って、またいつものように腕を組んだ。鈴木も、鋭い目が少し和らぐ。

勝って初めて気付く、自分が負っていた強い緊張。そして、安堵。この二年間、『高校生クイズ』で背負ってきたもの。その重さを心のどこかで常に感じていた。勝負の最中に意識することはなくても、勝負の合間、休みの日にはふと心に去来する重みだった。それはプレッシャーとは違う、いろんな人からの応援の言葉。いつも背負っているリュックの、荷物を入れていない時の重さのようなものだ。とっても大きいリュックだったけれど、普段カバンの重さを感じることがないように、戦っている間は意識していなかった。でも、ようやく決勝の舞台にその積み荷をおろした時、初めてその重さ、その価値がわかった。その期待に応えられたことへの、安堵だった。

インタビューで言ったことはよく覚えている。

「いまは、安堵の中にいます」

母が持ってきてくれたズボンは、拭いた手汗でしっとりと重くなっていた。

これで僕の肩書は、『高校生クイズ』二連覇。

浦和高校以来の記録であり、三十年以上の歴史の中で、個人としては後にも先にも僕と大場さんしか成し遂げていない大記録だ。以降クイズ番組でクイズ王として紹介される時は、このフレーズが僕の二つ名になった。

しかし、その二つ名で呼ばれるたびに思う。二回の優勝は、大場さんなしでは成し遂げられなかったし、大場さんと組めたからこそ僕はここまで安心して戦うことができた。僕のタイトルは大場さんのタイトルだ。最高の先輩であり最高の相棒でもあった大場さんとクイズをした五年間に、今でも感謝している。

余談だが、最後の「中馬庚」を答えたことに関して、二つの面白いエピソードがある。

優勝して一月ほど経った時、顧問から小包を渡された。なんと、中馬庚の子孫の方からだった。中にはお手紙と、『野球の命名者は中馬庚』というタイトルの本が三冊入っていた。お手紙にはこうしたためられていた。

「私達は正岡子規が野球の命名者だと言われ続け、中馬庚の名が埋もれていってしまうことを残念に思っていましたが、『高校生クイズ』の最後の問題という場で正しく答えて下さり、中馬庚の名を広めてくださったこと、また何より中馬庚のことを知っていてくれたことに、感謝いたします」と。

本は中馬の伝記と、彼を支えた人たちの話だった。普段、そこまで考えてクイズをしていなかった僕は、「知る」ということの重さについて考えた。クイズと、クイズが追い求める「正解」は、勝負の要素だけにとどまらず、いままで人が築き上げてきた営為の末にある。その「末」だけを切り取って楽しむのではなく、そこにいたるまでの営為自体を感じつつ、もっと深く勉強していかなければいけない、と。

大げさだけれど、あながち間違いではない。返信を書いて、本をありがたくいただいた。

もう一つ。こちらは全然趣の違う話だ。この「中馬庚」が放送で出題された時、2ちゃんねる（現・5ちゃんねる）の「なんでも実況J」という掲示板が大盛り上がりになった。「なんでも実況J」は野球好きが多く集まる板だったので、野球の問題が出たことで一気に書き込みスピードが上がった。「正岡子規！」と答えを書く人のラッシュ、しかし答えは中馬庚。野球好きを自称する多くの人が答えを間違う結果になり、にわか者や野球玄人を騙る素人を指すネットスラング「正岡民」が生まれたそうだ。

どんな形であれ、僕たちの決勝戦がネット社会に言葉として残り、時に由来になったあの戦いを思い出してもらえるならありがたいことである。

決勝を終えた僕たちはタクシーで機山館に戻った。決勝の舞台では泣いていた灘も、試合を終えたら元の友達関係に戻る。さっきの対戦の種明かしや感想戦、来年の話などをした。機山館を出て、ラーメン屋に入ってみんなでご飯を食べた。安達光さんたちも決勝が終わったあとで隅田さんたちと一緒に焼き肉を食べに行ったと言っていたが、こんなふうに、戦い終わって元に戻る感じまで含めての『高校生クイズ』だな、と思った。

百五十人が集まる大スタジオで幕を開けた僕らの祭りは、本郷の小さなラーメン屋で終わった。

花の舞台と引退と

十一月、僕は開成クイズ研究部を引退した。

あっけない五年間だったような気がした。最後の半年はいろいろなことが忙しくすっかり部長としてのやる気を失い、クイ研を動かしていく意欲が薄れていた。

中一のころから部を動かしてきて、「クイ研を認めさせる」という目標も達成され、他のクイズの場も手に入れた僕に、もう余分なガソリンは残っていなかった。こんな状態で部長を引き受けてはいけなかったと常に悔やみつつも、最低限の仕事をやったりやらかしたりしていた。

文化祭は初めてグランプリで一位を取った。それまで奇術部が何年も連覇を続けていたが、ついにその牙城を崩した。百以上の団体が参加している中で、かつて弱小であった僕たちクイズ研究部が長きにわたる膠着状態を打破したのだ。五年前は計十六票でランク外だったのに、である。僕たちの「クイズ」が認められたのかはわからないけれど、五年間目指してきたところにたどり着き、気持ちの収まりはついた。

収まる以上にもう僕に意欲がなかった。ファイターとしてクイズを好きでも、部活でのクイズには燃え尽きてしまっていた。

引退はちょうどいいタイミングだったとすら思えた。

『高校生クイズ』二連覇を成し遂げても、僕の心のなかの葛藤は変わらない。引退試合となった第五回『STU』も、ペーパー一位からの準優勝。負けた相手は青木。

なぜ勝てないのか。なぜ不甲斐ないのか。悔しさを抱え、モヤモヤした感情をクイズに対して抱きながら、僕は高校生としてオープン大会のために努力し続ける期間を終えたのだった。

その引退の一週間前、僕は朝六時のお台場・東京ビッグサイトに佇んでいた。十一月の海風がコートをまくり上げる。見上げれば冷たい曇天。

なんでまたそんなところに、というと、TBSのクイズ王番組（ガチのクイズプレイヤーが出てきて頂点を争う番組をクイズ王番組と呼び習わす）『頭脳の祭典！クイズ最強王者決定戦!!～ワールド・クイズ・クラシック～（WQC）』にお呼ばれしたからだ。

十月に開かれた予選を通り、三十三人のクイズ王候補の中に入り込むことができたのだ。この番組の発表がなされた時、『史上最強のクイズ王決定戦』『ＦＮＳ一億二千万人のクイズ王決定戦！』の再来かとクイズ界は沸き立った。予選通過者と招待選手が発表されるとその期待は一気に膨らみ、制作側からもかなり豪華な番組になるという自信アリなリリースがなされていた。僕はやはり「『高校生クイズ』二連覇」という肩書で予選から出場を射止めた。

僕の「クイズを認めさせる」という目標に呼応するかのように、このころ、クイズ王番組が多く制作される、クイズの新時代が訪れようとしていたのだ。

朝早くガランとしたビッグサイトのロビーに、続々とクイズ王たちが集まってくる。改めてそのメンツの豪華さに驚かされる。若手世代の雄である大美賀さん・隅田さん・中村栄斗さんに加え、短文クイズサークル「Ａ（あ）」の古川洋平さん・石野将樹さんといった『ａｂｃ』黎明期世代、クイズ王番組で鳴らした石野まゆみさんや小林聖司さん、田中健一さん・能勢一幸さん・永田喜彰さんといった『アメリカ横断ウルトラクイズ』で活躍したクイズ王、『ウルトラ』初代王者・松尾清三さん、クイズサークルの走りである「ホノルルクラブ」の会長を務める伝説のクイズ女王・村田栄子さんといったレジェンド中のレジェンドまで参戦。しかも、秋田芳巳さん・久保隆二さん・春日誠治さん・加藤禎久さんといった、クイズ番組冬の時代にオープン大会で活躍を続けたメンバーまで呼ばれていた。僕と、『ａｂｃ』覇者として呼ばれた青木は当然一番若い世代だ。メンバーだけでほぼクイズ全史を語れてしまう、そんな集い。何はともあれ、まずは全員で写真撮影した。この状況に、みんなが小さな感動を覚えていた。改めて夢の中にいるような感覚である。

収録が行われる会場に入ると、さらに驚かされた。

『SASUKE』だ。

『SASUKE』のセットのようなものが、超巨大スタジオの中に組み上げられていた。そして、観客席には二百人を超えるクイズ関係者並びに多くのファンの皆様がズラリ。

まさに、歴史に名を残す一戦が始まろうとしていた。

参加者はスタジオでアクリル製のプレートを渡される。カップ焼きそばくらいの大きさのキレイなそれは、挑戦の権利を示す証であり、戦場への切符だった。全員が全員違うエンブレムを割り当てられており、そのエンブレムと名前がアクリルプレートに刻まれていた。もう雰気ビンビンである。そして改めて、自分が「クイズ王」にカテゴライズされたことを実感する。

午前十時、幕開け。

1stステージ「A la Carte」は、まさに革命的なルールだった。

五十メートルほどの赤絨毯に、七つのゲートが待ち受けている。そのコースの横には長い大型ビジョンがあり、各ゲートの前で七つに区切られていた。答えるクイズは合計七問、一～四問目は単答問題、五～七問目は多答問題。一問目から順番に正解していかなければならない。途中での誤答は計三回で失格、正解するまではゲートが開かない。つまりたった一問でもわからない問題があれば、そこでアウトだ。制限時間八十秒の間に最後のゲートをくぐり抜けてボタンを押せば次のラウンドに進出できる。

体と頭を両方使い、スピードを競う、これはまさに誰もがやりたかったクイズ版『SASUKE』の世界だった。総合演出の乾雅人さんは当時ツイッターでこの番組をまさにそう呼んでいた。その幕開けに相応しい、五十メートルのサバイバルランニングである。

心が躍る。周りのクイズ王に勝つことではなく、単純にこのゲームをプレーできることへの興奮が全身を満たした。今すぐにでも走り出したい。

出場者席に座り説明を受けると、すぐに収録は始まった。

最初の挑戦者は小林聖司さん、TBS『史上最強のクイズ王決定戦』最後の優勝者が、TBSの新クイズ王番組のトップバッターだ。スタート地点にあるポールに、先ほどのアクリルパネルを差し込み「セット！」と叫ぶと、ビジョンに七つの問題がセットされ、ゲートを通るごとに一つずつ表示されていく。

小林さんがゆっくりと歩き、プレートを差し込んだ。

「セット」

重いものが落ちるような音がして、「Q1」から「Q7」の文字が大画面に表示された。同時に、開いていたゲートが全て閉じられた。圧倒的な演出、呑み込まれていきそう。このあと何が起こるのか、ワクワクが止まらない。

ゲームスタート、入り口のゲートが開いた。

「宮沢賢治」「ペンギン」「沖ノ鳥島」と1×で三問目まで来た小林さんだが、四問目「フェルメール」で止まってしまい……計三度の誤答で失格。時間にして一分弱、これにてサヨウナラだった。

あっという間の一勝負、歴戦のクイズ王が呆気無く消え、二度と戻ってこられない。失格の瞬間、出場者席に残った三十二人はざわめきに包まれた。八十秒という時間は、少しでも止まっていたらすぐに過ぎてしまうほど短い。そして、やはり一問わからないだけで先に進めないというルールは怖すぎる。誤答が三回までしか許されないことも厳しい。全員の脳裏に失格がちらつく。

波乱を巻き起こすには十分なルールだった。

その後も、「A la Carte」は猛威をふるい、七つのゲートはその先にあるゴールを見せようとしなかった。隅田さんや石野まゆみさん、オープン大会で活躍を重ねる三木智隆さんなど、序盤にスムーズに解答が出てきた人たちは勝ち抜けたものの、それでも残り時間に余裕はなかった。普段はクールな隅田さんが、ガッツポーズをしながら、相好を崩して喜んだ。

勝ち抜け者が出ると出場者席も大盛り上がり。みんな「勝てるルールだ」という安心感が欲しかった。それほどまでに「A la Carte」は厳しかった。

大美賀さんや歴代のレジェンドたち、オープンで最強の座を争ってきた猛者たちが相次いで敗れた。明かりで照らされた赤絨毯の上で、時計に背中を追われながらでは、手練たちも焦りに呑まれた。一問でもわからなかったら即終了という、普段ならまずやらないルールにも苦しめられた。普段なら出るような多答問題が思い出せない。信じられないような言い間違いをしてしまう。勝ち抜け者がほとんど出ない状況、どんなクイズ王も必死な顔をして走り、クールな男たちが一回戦を勝っただけなのにまるで優勝したかのように叫ぶ。この異様な光景に、会場は言いようのない雰囲気に包まれた。普段からこのファイターたちを見慣れているクイズ通ほど、そのギャップ、異様さを感じただろう。信じられないようなセットの中で信じられない戦いが繰り広げられている。全く新しいクイズを目の前にしてみんなが息を呑むばかりだった。


ふと、僕の横に座っていた村田さんが口にした。

「最近のクイズはなんだかせかせかしているわね」

村田栄子さんは当時八十歳。この場にいることだけでも凄いが、発言もさすがの貫禄だった。一人ざわつかず、静かに戦況を見つめていた。僕にも気さくに話しかけてくれる方で、つかの間の貴重な時間を過ごさせてもらった。

村田さん曰く、攻略法は「わかる問題を呼び込む」こと。多くの強豪が脆くも敗れ去る中、レジェンドは言うことが違った。

とはいえ、今の僕が焦っても仕方がない、良い問題が来るのをただ落ち着いて待つことこそが一番いい姿勢なのかもしれない。村田さんと話していると、少し心が落ち着いてきた。

その村田さんが目の前で敗れた時、いよいよ僕の番が回ってきた。

胸の中でゴングが鳴る。僕の前は六人連続で失格。お世話になっている古川さんや石野将樹さんも涙を呑んでいた。

でも、僕のやることは一つ。失格を恐れずに、この舞台を楽しむ。最後は辛いことのほうが多かった高校クイズライフだったけど、このセットを前にしてクイズが大好きだという気持ちが僕の中で再燃した。二度とねぇぞ、こんな凄い舞台。


ステージに上がり、七つのゲートを視界に捉える。総合司会・唐沢寿明さんがコールする。

「高校生活・最後の大会　高校生クイズ二連覇　伊沢拓司」

僕は面接で「最後の大会になるんで結果を残したい」と言っていた。そのあとに他の番組からオファーをもらえるだなんて思ってもいなかったので、この時はこれが最後だ、という覚悟で臨んでいた。

そう、最後。やはり勝ちたい。

僕のプレートには、シンプルな真円に型どられた「Q」の紋章と、「TAKUSHI IZAWA」の文字が刻まれていた。両手でスタートポールに差し込んで、スタートラインにつく。

大声で「セット！」と叫ぶと、目の前のゲートがゆっくりと閉じていった。下に向けて、ガッツポーズを振り下ろす。自分を奮い立たせるというよりは、ただこの舞台に立てたことが楽しくて仕方ない、体中でそれを表現したかった。

そして、号砲が鳴る。僕はすぐさま走り出した。八十秒をただの一秒も無駄にしたくない。

「ナポレオン」「弓道」を連続即答して十秒かからず三つ目のゲートへ。

三問目は映像クイズ、流れ出る泉が映し出され、その都市名が問われた。お、これ三月に『高校生クイズ』の優勝旅行で行った、そう、トレビの泉だ。む、都市名、都市名……「ローマ」。次のゲート！

またも映像、上から見ると「円」の字をした建物、これは「日本銀行」。落ち着いて二問を取り、五つ目のゲートに着いた時は六十秒弱を残していた。

五問目、「ひらがな一文字で表記される三つの星座」も、「や座、ほ座、ろ座」と即答、こういうのはまとめて出てくるようにしておくものだ、残り五十秒で六つ目！

六問目、出てきた問題は「四書五経、の四書全て答えよ」

よし、これは基本問題。「大学、中庸……」とテンポよくいこうとしたところで、脳が止まった。

む、あと二つ出てこない。

なんでだ？　簡単な名前のはず、そう「孔子」ブー、誤答ブザー。

あれ？　四書って儒教だろ、孔子じゃないの、孔子の書いたものは入ってないのか、そんなことはない、わからん、焦る。いや、あれだ孔子の書いたものの名前は孔子じゃねえや。

「論語！」

ピンポン。

よし、あと一つ、×は一個使って残り二つ。時間は刻々と過ぎる。六つ目のゲートからは、一番奥にある残り時間を知らせるタイマーが見えた。

三十秒。

まだ、余裕はある。落ち着け、なぜ出ない、このまま今までのクイズ王のように消えるか？

「レジェンドが負けたから、高校生の自分が負けるのはしょーがないね」って自分の心に言うか？

そんなもんは何にもならない。負けたらだめだ。それを学んだ一年だったんだ。

出る出る出る、この問題は知ってるやつだ、思い出せる、思い出せっ！

「落ち着いて」「落ち着いていこう」「ダイジョブだよ！」

声が聞こえた。焦っている僕にも、はっきり聞こえた。いつも玉Qでお世話になっている市川尚志さんの声、観戦に来てくれたチームメイト・鈴木の声、先に敗れていた春日さんの声、そして大会に行くとかわいがってくれる社会人の方々の声。

僕の鼓動以外には何も聞こえないスタジオから、いつもの人たちがはっきりと声をかけてくれた。つかの間、顔を思い出し、日常に、いつもの自分に戻る。

そして、答えが降りてきた。どこから湧いてきたのかもわからない。ただ、僕の頭にはっきりと答えが浮かび上がった。いつも僕を支えてくれた人たちが、いつもの自分を取り戻させてくれた。

「孟子っ！」

正解音を聞く前にゲートを手でこじ開けて進む。正解音が鳴ると、二十秒の静寂が歓声に変わった。

残りは十五秒。ラストの一問、五つの答えをこの時間内に言って最後のボタンを押さねば。とはいえ、突破したぞ、関門！　最後の問題、俺に飛び込んできてくれ！

そして七問目。

「『五賢帝』と称されたローマ帝国の皇帝五人を答えよ」

来た。村田さんのアドバイス通り、呼び込んだ。

この問題、第二十八回の『高校生クイズ』で東海高校に開成が敗れた時の、東海のウイニングアンサーである。安達さんが常々「トラウマ問題」と呼んでいた問題だ。

安達さん、ごめんなさい！　この問題に僕は今日感謝します。こういう時こそ、落ち着いて一人ひとり！

「えー、えーと、ネルヴァ、ハドリアヌス、トラヤヌス……アントニヌス・ピウス、マルクス・アウレリウス・アントニヌスっ！」

立て続けの正解音と同時にゲートを無理やり手で押して、飛び込むようにゴールのボタンを押した。

俺の体、その全身でガッツポーズ、後ろを振り返ると大型ビジョンには「ＣＬＥＡＲ！」の文字、そして一直線に七つ開いたゲート。その先に、さっきまで立っていたスタート地点が見える。貫くように指さして、その手を高く振り上げた。応援してくれた方々に、僕の勝利を見て欲しかった。鈴木の「よっしゃよっしゃよっしゃよっしゃ！」という声が聞こえた。

この勝利の味は、『高校生クイズ』の安堵感とは違う。本当にシビれる新しい形式のクイズの、その酸いも甘いも味わい尽くし、楽しかった！　という喜び。そして、厳しい形式を勝ったことへの圧倒的充足。今までこのゲートをくぐり抜けた王たちがそうであったように、本当に必死にさせてくれるクイズだった。

残り時間、四秒七三、ギリギリ。観客席からの拍手に、心からの一礼で応えた。インタビューも興奮で声が上ずる。ゲスト席から、ジャルジャルの福徳秀介さんが「伊沢コール」をしてくれた。楽しい。この舞台、楽しい。この壮大なセットで自分を試し、そして勝つことが、クイズが、楽しい。

最高の舞台に上がらせてもらった喜びに、もう一度深く頭を下げた。


結局1ｓｔステージは三十三人から十人だけが生き残る過酷な勝負となった。全体的に見ると僕のセットでの出題はかなり簡単なほうだった。青木もここを勝ち抜けている。世代別に見ると、クイズ王番組全盛期に活躍した世代が石野まゆみさん・永田さん・能勢さんの三人、オープン大会全盛期の三十代プレイヤーが三木さん・奥畑薫さん・為季正幸さんの三人、ａｂｃ世代は僕、青木、隅田さんと、『アタック25』でパーフェクトを達成している東大の御手洗伸さんの四人。キレイに分かれた。

最後の挑戦者であった能勢さんの挑戦はシビレた。なんと残り二秒ない状態で勝った。かなり難易度の高いセットを引き、各ゲートで苦しんだけれど、長時間止まる問題はなく、難問に万遍なく時間を使って勝利を手にした。実況が言う「これなんです！　これがＫＩＮＧ ＯＦ ＱＵＩＺなんです!!」という言葉が僕の気持ちを代弁していた。これが能勢さんの強さなのだ。クイズ王が王たる所以はどんな状況でも勝ちを追い求め続けることにあるのだ。

普段玉Ｑで能勢さんと一緒に押し、勉強させてもらっているのだが、とにかく能勢さんは新しい知識をガッツリ吸収し、若手の新作問題からアイドルの時事まで万遍なくチェックしていた。その姿勢、王が王座から立ち上がり自らを鍛える姿こそが、長年クイズ王の肩書を背負ってこられた所以なのだった。ガッツポーズで勝利の喜びを噛みしめる王者を、その日一番の拍手が讃えた。

2ndステージは「VANISH」と冠されたジャンル別ボードクイズ。一つのジャンルにつき、最後まで正解し続けた一人が勝ち抜け、勝ち抜けられるのは十人中八名。単純明快な知識勝負だ。

ここまで来たプレイヤーで知識勝負というのは『高校生クイズ』の比ではないハードさだし、オープン大会世代の三人は知識の幅広さが群を抜いている。レジェンドたちは言わずもがなだ。隅田さんは若くしてその世代と肩を並べつつある、学生クイズ界では別格の知識量を誇るスターだ。となれば、若い世代で潰し合うのみ。当然、青木にも勝つことが求められていた。

この時点で、すでに時間は十八時近かった。ビッグサイトに集まってから、もう半日が経過していた。勝った者も負けた者も疲労困憊だ。

十個の窓が開いた建物風のセットに入る。各席は隔てられ、小さな机にタッチパネルが置かれていた。ここに答えを書き込む形式だ。

疲れた体に狭いスペース、更なるストレスとも戦いながらの二回戦が始まった。

最初のジャンルは「ブランド」。うへえ、歴史とか文学みたいな分類じゃないのか。こういうのは厳しい。案の定、最初の問題で間違えて戦線を離脱、奥畑さんが勝利して勝ち抜けた。その後、「名言」や「結婚」といったテーマでは最後まで競り合うことができたが一歩及ばず、「漢字」や「法則」「料理」では手も足も出ず。あっという間に残り参加者四名から二人を決める段階まで来てしまった。

残っているのは、僕、青木、御手洗さんと、『第十三回アメリカ横断ウルトラクイズ』準優勝のレジェンド永田さん。ほぼ当初の予想通り、若手が多く残る展開だった。プライドに懸けても、席を譲るわけにはいかない。

続いてのジャンルは「動物」。やっと僕の得意ジャンルが来た。動物番組は好きだし、動物雑学は食指の動くジャンルだ。ここで決めておきたい。

一問目はチワワの丸い頭の別名。これは短文の基本問題だ。「アップルドーム」で御手洗さん以外が残る。

二問目。

「ペンギンが腹ばいになって氷の上を滑る行動」。

あ、もったいねえ。この問題、僕はかつて新作問題として作ったのだが、それを自分で制作した問題集に載せていたのだ。僕の問題集を読んでいる青木は当然おさえているだろう。結果、

「トボガン」を僕と青木が正解。

テレビの舞台で、二人の一騎打ちが実現した。

青木相手なら、とにかく基礎を落としてはいけない。クイズ的な基礎問題をきっちり拾った上で、コアな雑学を得意とする僕のストライクゾーンにボールが来るのを待つ。ここで負けたら次にどんなジャンルが来るかわからない。レジェンド永田さんを相手にするのは厳しいジャンルも多いだろう。このジャンルで決める。


三問目。

「昭和十一年、上野動物園から脱走し大変な事件になったある動物は？」

よし、これは知っている。答えはクロヒョウ。上野動物園クロヒョウ脱走事件は、二・二六事件、阿部定事件とともに昭和十一年の三大事件に数えられている。この時期のピリピリした状況においてなお新聞が「帝都・真夏のスリル！」などというポンチな見出しを掲げたことでも、僕の琴線をくすぐる面白事件の一つだった。こういう、趣味で知っているちょっとマヌケな問題が出るのは嬉しい。これ、青木知ってるかな?

解答がオープンになる。青木は「トラ」。よし、勝った!

今年、青木に大きい舞台でやられっぱなしだったけれど、テレビの前ではそうはいかない。僕はテレビでは「高校生ナンバーワン」なのだ。僕は僕のストーリーを意地で守り、ベスト8

に名を連ねた。

疲れた。勝ち抜けてセットを出ると、どっと疲れが押し寄せてきた。持参していたリポビタンDをカバンから出し、セットの裏で一気に飲み干す。その時、表のほうから歓声が聞こえた。次のセット「世界遺産」、青木が「ドロットニングホルム宮殿」を正解して一問で決着をつけたようだ。さすがにここでは負けない青木。改めて、圧倒的に強い後輩だ。次でやるとしても負けたくはない。気合を入れなおして、次の一戦に勝つまでだ。時間はもう夜の八時を回っていた。


3rdステージ準々決勝は「Portrait Fountain」。

1stステージと同じセットで、ビジョンに表示される肖像画とキャプションをもとに、その人物の名前をひたすら書いていく。一対一形式で、二分半で多く書いたほうが勝利となる。東洋人名は漢字指定なのがひらがな派の僕としてはちょっときつい。

とはいえ、肖像画や人物問題は『高校生クイズ』対策でもしこたま触れてきたため、得意な分野ではある。口頭出題のクイズに慣れているメンバーを相手にするには悪くない形式だった。

くじ引きで決まった対戦相手は、奥畑薫さん。2ndステージは一抜け、普段から関西クイズ界で圧倒的強さを誇る女帝である。特に難問クイズの大会ではその深い知識を発揮しており、時事問題への対策や基礎問題の強さも十分という隙のない超強豪だ。住んでいる地域の違いもあって、普段は大会の記録でばかりお見かけする方であり、戦えるだけで光栄、ハナから知識量には大きな差があった。

しかし、形式的には僕に有利だ。テレビ用とあってそこまで難しい問題は出ないだろう。このフィールドにおいては、元の実力差はあまり勝負に表れては来ないはずだ。僕が挑戦者であることは変わらないし、だからこそ久々に下剋上マインドを持って臨める戦いだった。

勝つとか負けるとかそういうことを考えて臨む勝負ではない。ただ一問でも多く答えて、終始穏やか、クイズ女王としての気品に満ちている奥畑さんを少しでも焦らせて、僕の存在を認めさせたい。

俺が、焦らせてみせる。

僕と奥畑さん、隣り合って絨毯の上に立つ。目の前には観覧席と多くの観覧者。後ろには巨大なビジョン。どデカいライトが二人を照らす。

改めて、良い舞台だ。ここで戦えることを楽しめる。

ビジョンの前に設けられた小さな解答台。そこのタッチパネルにひたすら答えを書き込んでいく。スピードと知識。単純明快だ。

僕たちは全四戦のうちの第一試合だった。ゲームが始まると、洋の東西を問わずいろいろな人物が表示されていく。肖像画でわかる情報は少ないので、基本的には画像に付けられたキャプションを頼りに答えを出す。あとの対戦では漢字に時間のかかる東洋人名は飛ばして勝負する人もいたが、僕は着実にわかる問題を答えていく作戦をとった。飛ばしてわからない問題ばかりだと余計焦るし、飛ばすという判断をするにも時間を食うからだ。

漢字が難しいもの、わからないものをいくつか飛ばしつつ、序盤から中盤にかけてスラスラとペンが進む。右目に捉える奥畑さんの様子はあまり芳しくない。普段の早押しとは異なるスピード感に苦戦をしているようだ。

僕はここでもまた、プレーしながら楽しさを感じていた。ペンを走らせ、正解を積み重ねる楽しさ。そして、それが大きなスクリーンに表示され、効果音が流れる壮大さ。ドキドキと強く打つ心臓。そのことを感じ一層興奮する脳。ゲームの主人公だ。こんな思い、できる高校生は日本でもそういねえぞ！

あっという間の二分半が終わり、ペンを置く。奥畑さんの表情が少し歪む。僕はしてやったという気持ちを抑え、結果発表を待っていた。集計の間行われた画面での答え合わせを見る限り、自己採点ではかなり順調にスコアを積むことができていた。

よし、この勝負もらった。しかし。

「すみませーん」

発表を待つ広い広い会場に、スタッフさんの声が響く。

「今の、こちらの手違いでPCで集計がなされていなかったので、ノーゲームとします」

そうして、やり直しの二試合目が始まった。

ノーゲーム宣告から代替試合の開始まで、数分。ただ、ただ、気持ちを、切り替えて。必死で、勝利への安堵を、元の緊張へと巻き戻す心のコントロールを行った。切り替えなきゃいけない。こんなトラブル、放映では当然カットだ。そんなこと、俺はよーく知っている。起こったミスは仕方ない。もう俺のあの勝負はこの世から抹殺されるだろう。どんな言い訳も通用しない。散々テレビの文脈に助けられてきた僕が、いまさらちゃぶ台返しというわけにもいかない。僕は必死で自分に言い聞かせた。

戦う直前に思い浮かんだのは、能勢さんの姿。クイズ王は、勝ちを追い求め続けるからクイズ王なんだ。つまりは、何試合やろうと、勝つ。

二戦目、得意な形式なのは変わらない。一戦目とあまり変わらないペースで筆が進む。しかし、少し難易度が上がっている。飛ばす問題が増える。思い出せない、漢字が書けない、いやできた、この繰り返し。ペースは変わらないけれど、解ける問題は減った。終わってみれば、もがきながらも前に進んだイメージしか残っていなかった。出題された内容は、翌日振り返ってみてもほとんど思い出せなかった。

二分三十秒、がむしゃらにやって終わった。膝から崩れそうだ。今度はしっかりと集計が入る。

結果発表、ビジョンにこれまで正解した人物の肖像画がずらりと並び、点数が大写しにされた。

僕十四、奥畑さん十三。

勝った！

片膝をついて、拳を突き上げてガッツポーズした。二度目の勝利だ。言い訳にならない一戦目を跳ね除けた。奥畑さんというビッグネームに、限定的な勝負ながら勝った。まだまだ俺はいける。クイズをまだ楽しめる。次の勝負も楽しめる。

しかし、勝利した僕へのインタビューがなかなか始まらない。スタッフがざわつき始めた。疑念を抱く前にアナウンスがあったことはせめてもの幸運だったし、僕にはもう、何が起こったのかを考える、そんな心の余裕もなかった。

「先ほどの問題、一題判定ミスがありました。伊沢さんの点数が、十四から十三になります」

え？　てことは同点か、どうすんの？

「同点となりましたので、１ｓｔステージのタイムで勝敗をつけます」

「伊沢さん、一分十五秒二七、奥畑さん、一分十五秒二〇。よって奥畑さんが勝利となります！」

あ、負けた。

二度噛み締めた勝利の味が、あっけなく消えていった。

一度目はともかく、二度目は実力不足、正しい結果としての敗北が遅れてやってきただけだった。負けたとわかった時、一瞬感じたやりきれない気持ちはすぐに握りつぶせる程度のものだった。複雑な感情を処理するには疲れすぎていたし、僕は結果的に正しいプロセスで負けた、そのことへの妙な納得があった。

結果を見れば百分の七秒差。一度は確定的な勝利をふいにしている。しかし、そのことで悔しくなるのは大会が終わった翌日からだった。腹立たしかったし、悔しかったし、いろいろぶちまけたくなるような状態だったはずだが、その場で思ったことは、「あー、これが実力通りの結果か。相手が強すぎるわ」だった。奥畑さんの戦いも、素晴らしいものだったのだ。

奥畑さんに力なく一礼するとすごすご舞台を降り、インタビューにも「しゃーないですね、楽しかったです」と答えて裏手に下がった。時間は二十一時。

もう疲れた。

ファイナルステージに進んだのは、石野まゆみさんと隅田さん。決勝が始まるころには日付が変わっていた。ゴンドラに乗ってのアップダウンクイズ『The Tower』。グングン昇ってグラグラ揺れるゴンドラを笑って見ながら、僕は隅田さんを応援した。隅田さんが優勝を決め、揺れるゴンドラの上で危なっかしいガッツポーズをして、『WQC』は午前二時にオールアップを迎えた。

祭りのあとはいつだって寂しい。少しずつセットがバラされていく。観客もそれぞれの家路につく。荷物を片付けていると、出演者の一人で東大出身のクイズ王・秋田さんが僕のところに来て言った。

「伊沢、強かったよ。準々決勝本当によかった。今度、一緒にクイズしよう。受験が終わってからでもさ」

とっても嬉しかった。

テレビから消えてしまう戦いだった。後日のオンエアでは、二人の戦い全体が一〇秒ほどのナレーションのみで処理されていた。僕の戦いやガッツポーズは全てその後には残らない、いずれは記憶ごとなかったことになってしまう戦いだったけれど、それを評価してくれる人がいたことが、僕にはたまらなく嬉しかった。

『高校生クイズ』に勝っても所詮高校生レベルと言われるだろう。事実、実力的にはそうだ。

それでも、ようやく社会人の方に認められて、いっぱしのクイズ屋になった気分だった。いつも飄々としている秋田さんが真剣な表情でおっしゃったことが、余計僕の胸に滲みた。オープン上位の常連、知識の泉である秋田さんが、一緒にやる相手として僕を認めてくれた。

やっぱり、僕にとってのクイズは、楽しいものだった。


当然、帰る電車はない。僕は同じ境遇の観戦者とともに、ビッグサイト内の小部屋に通された。スタッフが言う。

「とりあえず、ここで寝てください」

ここ、っていっても、何もない会議室のような部屋だ。煌々と明かりがついたままのガランとした部屋に、三十人ほどがひしめく。しかしどうやらマジらしい。

みんなもうどうしようもないので、カバンを枕に硬い床に寝転がった。厳しい寝床にもかかわらず、疲れきっていた僕はすぐに眠りに落ちた。

そして、すぐ目覚めた。朝五時、明かりがつけっぱなしの部屋にまたスタッフがやってきた。

「そろそろ始発が来るんで、出てください」

朝のゆりかもめで、昇るオレンジの太陽と東京湾を見つめながら帰る。

いろんなことがあった、夢のような一日だった。デカいセット、デカい勝負、デカい相手。ひとえにクイズの楽しさ。それを濃縮したような時間を過ごした。

いろいろな葛藤を抱えて来たビッグサイトだったが、一日経ってそこを出る時には、僕は一つの答えを見つけていた。

クイズを楽しむ、その原点に帰ろう。

もう高校でクイズをすることはないだろう。けれど、クイズは終わりのないゲームだ。生きている限りはクイズプレイヤーだ。その勝負を、楽しみたい。

あと三時間で月曜一限、数学の授業が始まる。普段以上に行きたくねえ。収録の衣装である制服のままだった。

好都合だ。制服で移動していれば、下り電車に乗っていても学校をサボったことがばれない。

今日は戦士の休息だ、休ませろ。

家に帰って、泥のように眠った。

第6章

高校三年生 ― エピローグ

（2012年4月～2013年3月）

引退後

クイズを辞めると、否応なしに勉強の時間が増えた。元々通っていた塾の自習室で過ごす時間が一日のほとんどを占め、娯楽といえば「かつや」でカツ丼を食べることか、当時ハマっていたヒップホップを聴くことくらいになった。放課後に友人たちと遊ぶこともあったが、基本的にみんなそんなにヒマではない。まだ部活がある人も多かったので、自然と行き場は自習室しか残っていなかった。

学校が終わったらとりあえず塾に入り、行きと帰りにヒップホップを聴き、ブツブツと韻を踏みながら帰る（ホントにブツブツ言っていた）という日常。クイズの練習はほとんどできなかったし、する状況でもなかった。

しかし、「クイズ王」であることはやめられない。

部活動を引退したあとも、オープン大会に一つ、テレビに二つ出た。オープンは『ａｂｃ』のみ。さすがに『ａｂｃ』だけは出たかったし、対策なしでどこまでクイズを楽しめるかも気になった。

前日は時事問題を軽くチェックしたが、ほぼボタンに触っていない状態で本番。ペーパー十六位という微妙な順位からあっけなく二回戦で負け寂しい思いを味わうも、五百人近くから一人だけが勝ち抜ける敗者復活戦でまさかの勝利。自己最高の準決勝に駒を進めた。

中三、高二と高い壁に阻まれ続けた『ａｂｃ』。その楽しくも苦しかったこれまでを考えると、あっさりと準決勝まで進んでしまったこの年は自分にとって不思議でしかなかったし、準決勝であっさり負けてしまったあとは「なぜ今準決勝なんだ、もっとちゃんと準備できる時なら、準決勝でも十分戦えたのに」と物足りなささえ残った。

思わぬ幸運は続くもので、大会後にはその後長いお付き合いになるクイズ作家の日高大介さんや、『ＷＱＣ』と『高校生クイズ』を手がけた放送作家の矢野了平さんとお食事をする機会にも恵まれた。大学入学以後、大変お世話になるお二人とクイズについて意見交換し、貴重なお話をたくさん伺えた。この時ばかりは受験生であることを忘れ、クイズが好きだという気持ちを再確認できた。

テレビでは、二月にフジテレビに呼んでもらえた。深夜に放送されたクイズ番組『Ｑ－１～史上最速の頭脳スプリントバトル～』への出演だ。

出題される簡単な問題をなるべくスピーディに処理していくという単純なルールで、本村健太郎弁護士やロザンの宇治原史規さんといった憧れの芸能人との勝負となった。

特に宇治原さんはルールをきっちりと捉えた上で、それに対応したテクニックをその場で生み出していた。さらに、短文クイズで出るような基本問題までおさえている。

僕が特に驚いたのが、次の出題だった。

問題文が「太陽が地球を～」と始まる問題。宇治原さんは続きを聞かず、「日食！　月食！」と両方一気に答えた。

その時のルールは、一分以内に多く正解した人の勝利。問題はパスもできて、何度間違っても良かった。このルールの特性を踏まえ、紛らわしい「日食」と「月食」を同時に答えたのだ。現役のクイズプレイヤー顔負けの判断力と、それを瞬時に繰り出せるスピード感。「王」の貫禄を見た。

宇治原さんは、まだ『高校生クイズ』や『ＷＱＣ』など数度しかテレビに出ていない僕のことを、しっかり覚えていてくださった。それどころか、収録の合間には気さくに話しかけてくれたし、テレビカメラの前でも「手強い相手」とまで言ってくださった。

八人の出場者でのトーナメントで、僕と宇治原さんは準決勝で当たった。褒めてくださったことや、トイレでの何気ない会話で緊張がほぐれた僕は、普段以上の力を出すことができた。その時はただただ宇治原さんとクイズができる、そのことが嬉しくって、気付いたら試合は終わっていて……。結果として僕が勝ったけれど、宇治原さんの言葉や姿が僕の背中を押してくれたようなものだった。「上を見て勉強してきなさい」と言われた、ような。

決勝の相手は、開成時代の先輩・安達さん。

直接対決は中一の「部長杯」以来。感慨もひとしおだ。僕にとっての憧れ。中学生のころは、安達さんが辿ってきた道をただただ真似して、近づこうとしてきた。

よく知った相手とあって、決勝戦ながら和やかな雰囲気での対戦となった。

楽しい。安達さんと戦える自分の状況がただただ楽しい。心は、伊東で合宿を張った中学一年生のあのころと同じ。何のイデオロギーも背負わず、部活での立場も何もなく、ただ一人のクイズキッズだったあのころの気持ちでプレーするこの勝負が、たまらなく心地よかった。

二セット制の試合で、第一セットは互角ながら、第二セットでわずかに僕が上回った。安達さんをまくって僕が優勝。

賞金約七十万円と、出演された芸能人全員のサインを手に、意気揚々と帰宅した。明日からはまた受験生。それでもいいと思えた。高校二年生、受験勉強のプレッシャーを考えると、今日できたクイズはとても楽しく、だからこそ戻ってはいけない場所のように思えたのだ。

もう一つの番組は六月。TBS『THEクイズ神』だ。

部活引退から半年以上が経ち、開成名物の運動会も終わったことで、もう受験以外に目指すところのない状態の僕に突然お声がかかった。平日の夜八時ごろ、塾で授業を受けていたら知らない番号から電話がかかってきた。

『クイズ神』という番組があるんで出てください、メールで詳しい内容送ります」

は、はい。あまりにも突然の誘いで面食らったけれど、内容自体はとても魅力的だった。

歴代クイズ王番組の優勝者ばかりを集め、ナンバーワンを決める大会。『WQC』のリベンジマッチだった。

素晴らしい機会に心惹かれつつ、受験生ゆえに出場を悩んでいた僕の背中を押した決め手は
「朝はタクシーで自宅までお迎えに上がります！」という誘い文句だった。VIP待遇じゃん！

こんな機会滅多にないし、ほとんど対策はできないけれど出るだけ出よう、という軽い気持ちで出かけた。


前日にリハがあるクイズ大会なんて初めてで、しかもそこにはレジェンドの中のレジェンドである『第13回アメリカ横断ウルトラクイズ』覇者の長戸勇人さんがいらっしゃったりして、それはそれはもう楽しかった。リハーサルということもあって、雰囲気も終始和やかなものだった。帰りにさらっとスタッフさんが「伊沢さん、明日の朝は地下鉄入りですよね」と言ったこともそんなに気にならなかった。

収録があったのはガッツリ平日だったがさすがに学校を休んで、普段と同じ制服で、普段と同じ電車に乗り、普段と違う目的地・赤坂に着いた。俺のタクシーはどこへ？　当初の動機を

見失いつつ、朝早くからの収録が始まった。

収録の前段階から、長戸さんがチャンピオンオーラを出しまくり。初対面のプレイヤーにも気さくに話しかけ、スタッフとの全体打ち合わせでも流れを作り、ジョークでみんなを和ませおどけたりしながら、完全に長戸さん中心のペースを作り上げていた。初めてお会いする伝説のチャンプに、僕はただただ「すげえ」という言葉しか出てこなかった。

長戸さんの盛り上げもあり、控室は和やかに談笑が行われるいい雰囲気。『WQC』に出ていたメンバーも多く、そもそも元からの知り合いということもあり対策談義に花が咲いた。「芸能も出るらしいし、ボードクイズなら最近流行りの『きゃりーぱみゅぱみゅ』のフルネームとかが出そうかなー」なんていう話を、歴戦のクイズ王たちが交わしている。その中に自分が混ざっていることが単純に楽しかった。

スタジオ入り。『高校生クイズ』パーソナリティーだった榮倉奈々さんに覚えていてもらったり、あの向井理さん（顔が小さかった）が僕のことを知ってくれていたりと、初っ端から嬉しい出来事が重なる。

隣に座るのは長戸さん。他愛もないことでちょくちょく僕に話しかけてくださる。タクシーはなかったけど、断然楽しい。

1stステージは二十問ボードクイズ。『THEクイズ神』と、今まで僕が出てきたクイズ番組との最も大きな違いは、学問分野だけでなく芸能や音楽のようなジャンルからも出題があることだ。これは僕としては嬉しい。『高校生クイズ』的な学問ジャンルより、そういった柔らかいジャンルのほうが僕は得意である。『高校生クイズ』チャンプという印象から「お堅い問題しか知らないんだろ？」と思われることも多く、そのレッテルを覆すチャンスだと思っていた。

前半は簡単な問題が続き、ジャンルもバラけていたので順調に正解を積む。好き嫌いは別として、『高校生クイズ』で出題されるようなお堅めの雑学はしっかりと得点に結びついてくれる。

少し古めの芸能問題などでは正解できなかったが、間違った問題でも出場しているクイズ王たちの解説やコメントが楽しくて、今までのクイズ番組と違う、普段やっているクイズ的活動の延長線上にあるような楽しい番組だった。全二十問のうち、折り返し十問目の段階で全体二位。二十人中八人抜けであることを考えると上々だ。

しかし、後半戦は一転して苦しい展開だった。控室で話していた「きゃりーぱみゅぱみゅのフルネーム」が本当に出題されてしまった。ちゃんと覚えていなかった僕は不正解となり、逆に控室できっちり覚えていた人たちが正解したためビハインドを負う（正解は「きゃろらいんちゃろんぷろっぷきゃりーぱみゅぱみゅ」）。そこで流れを持っていかれたのか、『グラム』を漢字で書け」という基本問題を落としてしまった（正解は「瓦」）。思い出せるはずの問題を間違えることの痛さは『高校生クイズ』で嫌というほど味わったが、まさにその二の舞を演じてしまい、どの問題もどこか歯車が噛み合わないような、うまくいかない流れを引きずってしまった。

焦る。でも、開き直る。

今の俺は受験生、この雰囲気を楽しんだ上で勝つことが大事だ。うまく言い訳して、メンタルをいい方向に持っていこう。何より収録の雰囲気は終始明るい。楽しんでいけば歯車も元に戻るはず。

二十問終了時の僕の順位は、ボーダーライン上の八位タイだった。『クイズ$ミリオネア』のクイズ女王・山内奈緒子さん、『Qさま!!』の元高校生チャンプ・谷垣翔太さん、そしてレジェンド・永田喜彰さんとの争いだ。生き残るのは一人。とにかくまだクイズがしたい。

一問目の「ファントムバイブレーション（携帯が鳴った錯覚のこと）」で永田さんが脱落するも、その後数問は三人立て続けに正解しサドンデスは終わらない。

「負け惜しみの強いことを指す四字熟語で、夏目漱石のペンネームの由来になったのは？」

という問題が出た時は「このまま続いたら、人生経験の浅い俺が不利だな」と思っていた。しかし、この問題を谷垣さんが誤答、山内さんは書き下して答えてしまい四字熟語ではないという判定で×。結果「漱石枕流」と完全解答できた僕は、なんとかベスト八に残ることができた。幸運な形での勝利。八位というギリギリの順位ながら、しっかりと勝ちを拾うことができたのは、歯車を元に戻すためには良い結果だ。

今の僕は『クイズ王』の一員だ。『高校生クイズ』を代表して出てきた以上、弱い負け方は見せられない。とりあえず通過できてホッとしたが、それ以上に「次の勝負でもっと強いところを見せたい」という気持ちが沸き上がってきていた。

2ndステージは、一対一対決のボードクイズ。五問限定のPK戦のような形式だ。1stステージの上位通過者から対戦相手を指名していく形式で、僕はサドンデス通過なので選択権はない。

しかし、あれよあれよと指名されないままに残り、いよいよ最後の一人にまで残ってしまった。

そして、相手は奥畑薫さん。なんの因果か、半年前の『WQC』で対決した奥畑さんとの対戦である。同じTBSで、同じ一対一ボードクイズでの争い。よっしゃ、やったるで！……という感じではなかった。半年の休業ですっかり牙を抜かれていた僕は「うわー、奥畑さんほどのレジェンドに二回も俺の相手をさせて申し訳ない」と思っていた。

『WQC』ほどではないが、この番組もセットに気合が入っていた。一対一対決ボードは、隣り合って席に座りスタートするが、主宰・唐沢寿明さんの合図とともに席が回転し、超至近距離で向かい合ってボードを見せ合うことになるのだ。恥ずかしい。眼前に、レジェンド・女帝の奥畑さん。元々の実力差を考えても、ちょっと僕には厳しい対戦だ。とはいえ、滅多にない機会。目の前の問題に集中していくしかない。

互いに一問目を正解しての二問目「ゴルフのスコアやアンケートを書く際に用いられる簡易ペンの名前は？」という出題。これ、行きの地下鉄の中で過去の自作問題を復習していた時「おーこんな知識もあったな、すっかり忘れてた」と思った問題だ。

やっぱりちょっとでもウォームアップしておくのは大事だ。タクシーだったら、車酔いしやすい僕は問題など読まなかっただろう。地下鉄で来たことが逆に功を奏した！「ペグシル」で二対二。ちゃんと張り合えてる。

三問目四問目ともに両者正解で譲らず、五問目。PK戦ならみんな膝をついて祈りだすころだ。数時間前まで和気あいあいとしていたスタジオを、飽和しそうなほどに張り詰めた緊張が覆う。

問題は「西部劇でよく転がっている丸い植物は？」

よし、これはおさえている。中三でスタッフをした大会『ＡＢＣ』（社会人版『ａｂｃ』）の、ペーパークイズの最終問題として出題したものだ。当時社会人での正解者はほとんどいなかったはず。これはもしや……？

僕の答え、自信を持って出す。「タンブルウィード」。僕だけが、正解だった。

勝ってしまった。『ＷＱＣ』の雪辱を果たした。たった五問の勝負、実力を測るには少なすぎる問題数。これが十問、十五問と続いていたら勝負はわからないだろう。勝ててラッキーな勝負だった。とはいえ、今この場での勝負に勝てたこと、それが何より嬉しかった。今日は、全てのクイズが楽しい。気持ちが楽だ。

準決勝、四人から二人勝ち抜け。参加者は、僕、長戸さん、為季さん、渡辺匠さん。

為季さんは岡山のプレイヤーで、『ＷＱＣ』でもベスト4に入ったり、ＮＨＫの『連続クイズ　ホールドオン！』の初代チャンプになったりとテレビでの活躍目覚ましいクイズ王だ。実家が牧場であることから「ＩＱ牧場」の二つ名で一躍有名になった。そしてそれ以上に、かねてからオープン大会の上位常連として業界では知られており、知識とスピードを兼ね備えたストロングスタイルの持ち主だった。

渡辺匠さんは、玉ＱやＡ（あ）で僕がお世話になっている先輩で、オープン大会ではその圧倒的な知識を武器に活躍していた。易問から難問までどんなレンジの大会でも活躍するオールマイティーさが群を抜く。クイズ王番組への出場はこれが初めてであり、東日本予選から勝ち抜いてきている。各局のクイズ番組のクイズ王同士の対抗戦であるのが目玉の『ＴＨＥクイズ神』だというのに、その枠外の予選から勝ち上がって各番組のクイズ王たちをなぎ倒したため「番組のコンセプトをぶっ壊した男」と呼ばれていた。

このメンツは厳しい。知識で大きく勝る為季さんと匠さん。二十年ぶりの復帰戦にもかかわらずここまで残る、底知れぬ力を秘めた長戸さん。彼らを相手にして、僕はもう単純にビビっていた。楽しい場だ、ここまで来たなら十分、と思っていた。

そう、ここまで来たなら十分、と思ってしまったのだ。

あとはもう、ただ殴られるままだった。ルールは多答クイズに答え、完答できなければその問題を他のプレイヤーが早押しで奪い取る、というもの。こういった「思い出し力」を問われるルールは、メンタルの力、心の「正解を口から押し出す力」が必要になる。その戦いに、妥協を持って臨んでいる僕。「敗北への指向」を抱えて戦っているならば、全力が出せないのは当たり前であった。いいところが全くなく、僕は敗れた。決勝には匠さんと為季さんが進んだ。

敗者席に座り、とても美しい青木裕子アナからインタビューを受けても、僕はただぼんやりとしていた。横に座った長戸さんと決勝の戦況について話をしつつも、心はどこか自分の敗戦へ向いていた。長戸さんは負けたあとは少し悔しがってすぐに切り替え、一瞬たりともクイズ王でない瞬間がなかった。全力で戦うことに自ら蓋をしてしまった僕は、負けてから気付いたそのことへの後悔と、不甲斐なさと、敗れた人への申し訳なさで、呆然としているだけだった。

優勝したのは、何度も一緒に早押しをした、僕にとってのクイズ王・匠さんであった。テレビ側が匠さんについて言う「強すぎるダークホース」感を、出演者側は感じていなかった。勝つべき人が勝った、という感じだった。普段から一緒にやっている人が優勝するというのは、同じ場で研鑽を積んだ僕も評価されたかのようで嬉しいものがあったし、匠さんの苦闘を知っていたから余計に感動に近い盛り上がりを感じた。

それでも、帰りのタクシーの中（収録が終わったころには終電がなくなっていた）は、自分のことばかり考えてしまった。

今まで長々とクイズをやってきて、「負け」を心に受け入れてクイズをしたことはほとんどなかった。

高一で社会人サークルに出入りし始めたころ、誤答への恥で勝負の楽しさを薄めてしまった。もうあんなふうに、後ろ向きな気持ちで勝負に臨んだりはしないと誓ったはずだ。そもそも、負けを心のどこかで受け入れて、勝負に入ってしまったのは初めてである。誤答を恥ずかしがる以前の、話にならない状態だった。

受験、引退、そういうものを言い訳にして、全力で戦う人と同じ舞台を踏むことの無礼さ。確かに2ｎｄステージまでは楽しく全力でクイズをできていた。ブランクによるダメージを背負いながらもなんとか凌ぎきっていた。でも、確かにその時から気の緩みはあって、奥畑さんに勝ったという喜び、自分以上の実力の相手を倒したことへの満足によって、タガが外れてしまったのだ。

勝負の世界に身を置くなら、自分の実力以上の結果が出た時こそ慢心を戒めるべきだ。それを、単なる喜びに感じてしまった愚かさが、惨めな敗戦につながった。しばらくクイズをすることのない僕にとって、行き場のない反省ばかりがよぎる。東京の綺麗な夜景が、敗残した気持ちを余計に刺激した。

最後の最後にやってきた大舞台で、僕は初歩的な、それでいて大事なことに改めて気付かされたのだった。

受験生として

時間は戻って高二の十二月。いよいよクイズを辞め勉強を始めた僕は、長年逃げ続けていたプロブレムと向き合わねばならなくなった。もちろん自分の成績である。

僕が目指していたのは東京大学文科二類。二年生の進学振り分けで経済学部に進む生徒の多い学類だ（東大は入学後、二年生までは全員、教養学部に編入され、その後進路を決める）。『エコノミクス甲子園』を見たり、安達さんを真似してファイナンシャルプランナー資格を取ったりと、なんとなく経済学に魅力を感じていた僕は、中三のころにはすでに文二を目指すことを決めていた。

しかし、決めていたからといってそれに合わせて勉強をしていたわけではない。

そもそもクイズのための勉強というのは時間がかかるし、生来の気分屋でやりたいことしかやらない僕は、授業や自習室で最低限の勉強をする以外のことはほとんどしていなかった。幸い学内で良い先生方に恵まれたおかげで国語だけは得意だったが、英語を放置した結果として高二ごろまで文型がちぐはぐな文章しか書けず、数学も基礎がぼろぼろな状態だった。

そんな状況に目をつむり、放課後はサッカー、暇な時はブックオフで立ち読み、夜遅くまでゲーム、そしてその全ての時間の合間にクイズを突っ込んで、必然的に（そしてなかば故意に）勉強はおろそかになっていた。高二までの僕の生活はそんな感じだった。

高一の九月に行われた校内模試では四百人中二百番という中位だったが、その後はキレイな下降線をたどり、高二の段階では三百番近く、数学は下から一桁台（最悪な時は下から三番目）に君臨していた。

そんな僕だったが、あろうことか高二の『高校生クイズ』では「開成トップクラスの成績を誇る伊沢！」というまさかのでっちあげナレーションが流れ、その瞬間に僕の携帯にクラスメイトからのツッコミメールが押し寄せ、翌日から僕のアダ名は「トップクラス」になった。さらに、模試で僕以上の成績を取ることを表す「トップクラス入り」という新語が作られて流行。一躍ネタにされた。もちろん、この「開成トップクラス」に含まれる人間は四百人中三百人ほど。それくらい、僕は「クイズばかりやっていて勉強をしていない男」として認知されていたのだ。

しかし、さすがにやばい。

ネタとして便利ではあったこの成績も、そろそろ改善しないと本当に志望校に受からなくなる。開成は常に東大とセットで語られる学校、ましてやテレビではそのイメージが強い。東大に落ちたら、おそらくしばらくはクイズ番組に呼ばれなくなるだろう。具体的にどう努力すればいいのかとか、明確なモチベーションがあって東大を目指すとかいうことはこの時点でまだなかったが、あの楽しいテレビの舞台に上れないのはやはり寂しかった。

とりあえず、ビジョンをもって始めるしかない。塾に通い、英語と数学に徹底的なテコ入れを図った。

東大に受かるために大事な二科目だ。毎日、閉館までは自習室で粘り、それ以降は一切勉強せず、というルーティーンを生活に落とし込む。勉強していない時は始終音楽を聴いていた。

音楽を聴くことは自分にとって「休んでいる」ことを認識させるサインでもあった。メリハリをつけないと集中もできないし、遊ばないでやっていられるほど僕は真面目ではなかった。

開成の高三の時間割はかなり穴あきで、選択制の授業が多かったので、勉強時間をフレキシブルに使える点も良かった。なるべく一限が減るような時間割選択にして、朝はゆっくり寝た。何より受験生に必要なものは睡眠時間であり、僕は眠いと思ったら自習室でも眠り、塾のスタッフに起こされてもめげずに寝ていた。三十分ほど寝ると頭は結構スッキリするので、案外悪くない。

その勢いでガガガッと勉強し、集中が切れたら自習室を出て五分散歩、戻ってきてガガガッ……の繰り返しだった。塾のスタッフのアドバイスや受験バイブルに書いてある勉強法は、やはり向き不向きがある。自分で自分にあったものを見つけられるならそれが最善だ。怠惰な僕向けの息抜き勉強法と、今まで勉強しなさすぎたために感じた勉強の新鮮さで、春先には自分のペースを掴むことに成功。結果、四月の校内模試では一気に二百位近く順位を上げて九〇位台の順位を取ることができた。

四月から五月にかけては、何度も書いたように運動会の季節である。受験生でもある高三生の脳みそは汗と砂にまみれた運動会の匂いでいっぱいになる。授業中も含め朝から晩まで運動会を中心に学校が動くため、勉強が入り込む余地なんてどこにもなかった。塾に行っても、疲れているので閉館まで寝て終わり。僕だけではなく、開成高校の三年生はほとんどこうだった。

五月半ば、情熱の全てを捧げた開成運動会が終わると、僕は急に燃え尽き症候群にかかった。運動会の準備期間に勉強習慣が失われていたことと、興奮から日常へと戻ることが辛かったことで、一気に受験生としてのモチベーションが下がった。御徒町のゲーセンでUFOキャッチャーを見ながらひたすら戦略を練り、一回百円のプレーに一〇分かけることで無為に時間を潰した。もう遊びはいいやと思えるまで散財したあとで塾に向かう日々。本来ならば学校が終わった瞬間から受験という勝負は始まっているが、そのうちの数時間をゲーセンで潰していた。

クイズや運動会と同じような、非日常の駆け引きがしたかった。心躍る戦いに身を置いていたかった。なんだか物足りなくて、それ以上に「できない自分」が受け入れられなくて、勉強に身が入らずダラダラとゲーセンで遊んでいた。七月にもなるといよいよお金がなくなり、成績も芳しくなくなり、残ったのはいくつかのぬいぐるみだけだった。

夏休みになると学校がなくなり、行動範囲は自然と塾と自宅の往復に限られる。往復の道にゲーセンがなかったこともあり、自分への危機感も相まってなんとかゲーセン通いをやめることに成功した。無理矢理にでも勉強習慣を作ったことで、勉強のリズムも少しずつ上向いてきた。しかし、失った時間は大きい。取り戻せるか。

三連覇に向けて

といいつつ、夏の風物詩『高校生クイズ』の東京予選にはしっかり出場した。大場先生の抜けた穴には同期の大川が入った。鈴木は僕が引退したあとも数ヶ月クイズを継続し、実力のピークを迎えていた。僕はクイズから離れているとはいえ、テレビのクイズ番組には出続けてきた。チームとしては悪くない。

はたして当日、鈴木のキレと大川のパズル力のお陰で準決勝のペーパークイズは難なく突破、僕はほぼ指をくわえて見ているだけだった。

決勝は青木・太田・水上のチームと、実質的な一騎打ち。

鈴木の早押しが炸裂し序盤はリード。しかも青木が大乱調で誤答連発。「勝てるかな?」と思ったものの、逆に太田が絶好調で、改めてチームの厚みを感じた。あっという間にリーチをかけられてしまった。七点先取、こちらの点数は四点。早くも追い詰められた。

うーん、失うもんはない。あっちは仕上がっている、活きのいい格上だ。どうせなら一か八かやってやらぁ! とエンジンを入れなおしたら、イイ問題が二問来て立て続けに正解できた。勝負勘を無理やり引きずり出してやったぞ。

六対六、次に正解したほうが全国大会出場。

出場を決意した時は「正直もう下の世代と戦える力はないな」と思っていたものの、いざリーチまで来ると欲が出てくる。そうだ、ここで全国まで行ければ三連覇もあるじゃないか。

勝っちゃうんじゃない？

いや、勝てるな。「たった」一問だ。

にわかに現れた欲望は、人の目を狂わせる。守りに入ってしまった僕は勝利にふさわしくなかった。

次の問題、『カッコーの巣の上で』を正解したのは、またしても太田だった。ほぼ全ての正解を太田が出したんじゃないだろうか。

七対六。

点差は一点だが、壁は高い。それだけ、相手チームは強かった。そして、僕のマインドは勝負にマッチしたものではなかった。

悔しいけれど「やっぱりか」とも思った。素晴らしく強い相手だ。ましてや後輩、その成長の過程を見ているだけに認めないわけにはいかなかった。

その後のネット予選も二位で敗退し、可能性は完全消滅。三連覇の夢はあっさり潰えた。

僕は普通に弱かったのでしょうがないのだが、ピークを迎えていた鈴木の実力をカメラの前に出せなかったのはリーダーとして申し訳なく感じた。この年、青木チームは優勝を成し遂げて開成は前人未到の三連覇を達成。僕が手紙のやり取りをし師弟関係を結んだ会津学鳳の猪俣も、なんとあの札幌南を早押しで下してベスト4にまで進んだ。受験生として見ていてもかなり面白く、嬉しい内容だったので自分のことなんて放っておいても満足した『高校生クイズ』だった。

ようやく兆しが見える

勉強に目を向ければ、夏の東大模試の判定は、二つの模試を受けてそれぞれCとD。お世辞にも良いとはいえない成績だった。

とはいえ夏に勉強習慣が出来上がった僕はもうゲーセンで時間を潰すこともなくなり、勉強に対して楽しいとかつまらないとか、いちいち感想を感じないほどに勉強が日常化されてきた。それ以外にすることもないから、勉強をする。そんな日々を淡々と過ごすことに慣れてきた状態だった。

しばらく上がらなかった成績も、秋以降次第に伸びてきた。

クイズは基礎問題を覚えれば覚えるほど比例的に強くなっていくが、受験はそうではない。特に上位校の入試本番で出題される問題は多くが応用的な問題であり、基礎をやっているだけでは点が取れない。しかし、基礎が固まってくると、応用問題を解くためのパーツが揃い、そこで初めて点数が上がってきたのだ。

クイズの基礎はジェンガのように、ひたすら上に上に積んでいきその高さを競うものだ。しかし受験には範囲があり、個々の知識を別個に取り出すのではなく、複数の知識を組み合わせる力を問う。いわば平面を敷き詰める、タングラムのようなパズルだ。

パーツの足りないタングラムは、ワクを揺らせばたちまちガタついてしまう。しかし、全てのパーツがワクの中に揃えば、揺らしてもびくともしない。ここで、一気に点が伸びる。

夏までは今までサボっていた分の基礎固めをひたすらしていたため、努力が点数に表れなかった。しかし、基礎が固まった秋以降は応用問題においての基礎の組み合わせ方を頭に入れることができた。これに応じて成績も伸びてきたのだ。

応用問題とは、先ほどのタングラムの例でいうなら、いくつかのピースを取り出して組み合わせる作業だ。ピースのチョイスが大事なのだが、そもそも必要なピースを揃えておかなければ解けないし、ピース選びの精度も格段に落ちる。基礎が完成されてこその応用なのだ。

そんなわけで、高二の秋には三百人もいた「トップクラス」が、一年後の十一月に五十六人まで減ったのだった。

補論：クイズと学問

せっかくクイズと受験勉強の違いについて述べたので、少し脇にそれてこの話題を掘り下げてみたい。

よくクイズと勉強は混同され、クイズが強い人は勉強もできる、勉強ができる開成がクイズで勝つのは当たり前、と思われることがあるが、そんなことはない。

僕のクイズが強かった時期の成績がそれを物語っている。やはり「クイズはクイズ、勉強は勉強」。もちろんクイズの下地として言語理解力や常識的な知識が問われるため、勉強を積み重ねてきた人はクイズにおいても有利だ。しかし、そのこと自体はクイズと勉強が同じであることを意味しない。

クイズに出る問題は学問と呼ばれる範囲を遥かに超えた、生きていて出会うことの全てだ。テレビでは演出上の理由などで学問チックな地理問題などが扱われることが多いが、それらも受験で習うような内容とは違ったベクトルである。少なくとも国旗の問題や世界遺産は地理の授業では習わない。

僕がクイズをやっていて受験の知識面で得をしたことは、世界史の文化史を勉強しないでも済んだくらいのものである。

「クイズと勉強はあんまり関係ない」、そのことがわかった上で、それでもクイズが受験に役に立ったとしたら、僕にとっては「努力の方向性」「勝負への心構え」を間違えなかったという点においてだ。

やはり、暗記のやり方に関してはクイズで得たノウハウが役に立った。

合格後に受験指導をしていて「受験生が陥りがちだ」と思った暗記の落とし穴は、単語帳を頭からお尻まで読みきり、そのあとまた頭から……と何周もして、結局覚えられない、という負のルーティーンである。

これでは、一度定着しかけた知識が次回ってくるころには完全に剥がれてしまっていて、「知識の上塗り」ができない。

僕は、かつてクイズの問題集でそうしていたように、単語帳も十ページほどで区切り、そこを完璧にするまではひたすらその十ページを繰り返す、という勉強法を使っていた。

単語暗記でいえば「できた単語をすぐ飛ばす」のも正着とはいえない。数回正解できただけではまだ、短期記憶内の記憶を引き出しているに過ぎない。受験のために有効な長期記憶ゾーンに知識をしまっておこうとするならば、一度躓いた単語は何度正解しても、確信が持てるまではもう一度復習すべきだ。たとえその復習がルーティーン化した大雑把なものであっても、触れないで消えてしまうよりは良い。

どんなクイズの強豪も、大会に出たり定期的に例会に出たりすることで、普段わざわざ勉強しない基礎問題を実戦の場でもって復習している。受験生活における実戦の場はクイズのように毎週やってきたりはしないから、なおのこと自分で何度も触れておくことが大事になるのだ。クイズをやっていて受験「勉強」に役に立ったこと、というのは正直この暗記への対処くらいのものだ。だが、それ以上に受験「生活」を支える上で大いに役に立った重要な力がある。それは、「勝負への心構え」だ。

一発勝負の試験では、本番慣れ、大舞台慣れが大きな価値を持つ。僕の場合はやはりクイズで踏んだ場数が効いた。

受験というものは「受験」でしかない。クイズ番組で誤答するとあたかも全人類の前で自らの劣等を証明してしまったような感覚に陥ることがあるが、それは間違いで、あくまでクイズを一問間違えたにすぎないのだ。普段解く小テストやｄボタンで参加する視聴者参加クイズとの差は何もない。クイズはクイズ、一問以上の価値など持っていないのだ。

受験も同じ。できるできないは「受験」という競技における優劣を示すに過ぎず、それが自分の人格を否定するものではない。受験シーズンのメンタルを強く保てたのは、クイズで自分自身を「問うてきた」結果得られたこの知見によるものだった。

「受験勉強がその後の人生に役に立つか?」というありきたりな問いかけがある。

「勉強そのものはほとんど使えない」という意見を渋々呑むとして、それでも受験が人生にとって意味あるものだと僕は言いたい。それは、「傾向と対策」を行って、自己分析し、その上で自分にあった方策を立てる、という今後の人生でずっと使うはずの問題解決プロセスを、かなり長いスパンで、かつ合否という大きな対価を賭けて実戦できることにあろう。そして、僕はクイズという勝敗とその原因がわかりやすい個人競技、つまりは「傾向と対策」にうってつけの舞台でその予行演習を行い続けてきた。受験に臨むにあたっても、クイズで培った自己分析とその方法論を用いて、実力を把握し、教材を選び、スケジュールを立て、自分にちょうどいいサプリメントとして学習内容と方法をチョイスし続けることができた。

クイズの方法論で受験を分析できたことは確実に合格に役立ったし、その点ではクイズは受験に使える！　と言い切れる。得た知識よりも、むしろ知識を得て強くなる過程こそが、クイズの魅力の一つなのかもしれない。

本番

十一月過ぎ、僕は秋の東大模試でB判定を出せるくらいまで点数を上げることができた。十月は詰めきれていなかった基礎を洗い出して詰め込み続け、受験生活で一番勉強をしたといえる時間だった。夏以降の基礎固めが、ようやく点数として見えてきて、モチベーションも高まってきた。

そんなとき、テレビ局から「取材をしたい」と連絡があった。日本テレビが『高校生クイズ』からの派生企画で、東大受験生のドキュメントを撮っていたのだ。その撮影だった。『高校生クイズ』のディレクターさんが僕に密着することになった。密着といっても週一回程度取材が入り、あとはセンターと二次の本番当日、その数日前などに心境を話す程度。気が引き締まるかな、と快諾した。

実際、二月になると取材がちょくちょく入った。今までの勉強のこと、クイズのこと、東大に入ったあとのことなどを、自室で話した。大晦日の塾内テストにも取材が入り、テスト部屋の外からカメラで映され、この時ばかりは周りの視線がかなり恥ずかしかった。

大晦日は紅白をなんとなく見ていたら年が明け、昼にはまた塾に行く。世間の休みも関係ない。結果がついてきてからは、ひたすら自らの課した課題をクリアしていくことが楽しくなってきていた。

大きな体調不良もなく、あとはひたすら勉強を続けるばかりとなり、僕は特に変わったことをするでもなくひたすら毎日ルーティーンをこなした。同時に、あまりにもテレビ映えしないドキュメンタリーができつつあった。


来る一月中旬、センターの会場は開成高校。ほとんどの開成の生徒は慣れ親しんだ母校の校舎でセンター試験を受けることができた。全受験者の七割ほどが開成であり、試験が終わるたびに感想（「満点」か「九割」がほとんど）と問題への不満を大声で喚くのだから、外様受験生にとってはこれほど嫌な場所はないだろう。僕はホームの利を十分に活かしてのびのびと受験した。

数学ⅠＡでは大幅にやらかし六十七点を獲った（クラス最低だった）もののそれ以外には大怪我せず、九百点満点中ぴったり八百点。東大の二次試験に向けては上々の滑り出しだった。

二次試験前には、受験会場である駒場キャンパスに下見に行き授業に潜入したり、息抜きで散歩をするカットを撮影したり。日常を繰り返しているうちにどんどん時間が流れ、本番一週間前になった。

しかし、そうカンタンにコトが進んでは面白くない、ということだったのだろう。

試験一週間前、いつものように自習室で、とはいえいよいよ迫ってきたかと感じつつ暗記事項の最終確認をしていた僕は、突如として胸の強い痛みに襲われた。一度目は軽い痛みだったが、一〇分ほどあとに来た鋭い痛みは耐え難く、僕は自習室を飛び出した。飛び出したというよりは痛みに顔をしかめながら逃げ出したような格好だったけれど、突然の痛みに軽くパニックになった。

その日から数日、自習室にいると数度痛みに襲われるようになった。内側からすりこぎを突き立てるような、鈍い痛み。心臓病なのか？　なぜこのタイミングで？　せめて受験終わるまでは待ってくれ！　様々なことが頭を巡って、大事な時期なのに集中を削がれていった。

痛みが来てから三日目、帰り道で「心臓　痛い」で検索してみた。自分の置かれた現状を知って、安心するか諦めるかしたかった。

出てきたサイトで当てはまる病状を見ていくと、一つの病気にたどり着いた。

心臓神経症。

心臓の痛みを引き起こす病。原因は、心の中の不安感や緊張で自律神経が乱れること。

安堵感とも、拍子抜けとも違う、なんだか笑える気持ちになった。要するに僕はビビっていたのだ。自分自身では淡々と過ごしているつもりだった直前期に、気付かぬうちに心に強いプレッシャーがかかっていた。そのことに気付いていなかった自分も、想像以上にカンタンに判明した病名も、この病気が存在すること自体までがおかしく感じられた。
その時から、心臓の痛みはなくなった。自分を客観視し続けてきた受験生活の、最後の壁を壊した。

東大二次試験の初日は朝七時前にもかかわらず我が家の玄関前にカメラが待ち構え、玄関を出たカットから撮るという気合の入りぶりで撮影がスタートした。空は快晴、行きの道でインタビューを受けながら歩き、なんだか大勝負にいく気持ちが高まってきた。受験会場に着いたら着いたでいろいろな塾のスタッフがお出迎え。僕は特待制度や割引を駆使していろんな塾でその塾が得意とする科目の授業をつまみ食いしていたので、まるで挨拶回りのように各塾のブースを回った。下見しておいた建物の、所定の席に座る。大丈夫、もう心臓は痛くない。自分が緊張していることを、俺自身が知っている。勝負だ。

初日の試験は想像していたよりあっという間に終わった。国語は易化していた。数学はここ数年の易化傾向から一気に難化したが、十月からの怒涛の数学特訓の甲斐あって四問中二問完答できた。正門で待ち構えていたカメラの前で二十分ほどインタビューに応じる。今日は思っていたより良い出来、明日は社会と英語、覚えていることをしっかり吐き出す科目なのでしっかり体調を整えたい。出来への自信から、淡々と答えた。

しかし三十分後、僕は大変にまいった。気付いてしまった。帰り道、赤羽でラーメンを食べようとして遠回りな埼京線に乗った、その選択が悪かった。忘れもしない、板橋の駅を通過したあたりだ。僕の前に立っている中学生女子二人が数学の宿題の話をしていた。

「連立方程式とかって、ホントXとかYとかいっぱい出てきて難しいよね」

……ほうほう、若々しいなぁ。そうだよねぇ。もっともオニイサンは今日そういうXとかYとかを二問正解してきたけどねぇ……あれ？

俺、二点間の距離を求めるとこ、間違って二点間のY軸上の距離求めてた！

血の気が引いた。求めるものが違えば、当然答えは間違いだ。しかも今回は、もう少し頑張れば答えが導出できる状況で、別のものを解答してしまっている。二十点満点で二十点取れるところを、みすみす逃したのだ。解答過程で部分点がもらえていたとしてもせいぜい五点が関の山だ。東大入試で十数点のロスはあまりに大きい。ましてや、翌日は大きな差がつかない、つまりは「遅れを取らない」ことが大事な科目の試験だ。巻き返せる科目じゃない。このビハインド、響く。

家に駆け込んで、すぐに翌日の対策本をかたっぱしから引っ張りだした。テレビに向けてあんな余裕なコメントするんじゃなかった！　もう、使えるものは全て使って、すがれるものは全てすがって……という遮二無二な勉強だった。何かを知らないことへの不安が増幅されていく。確認したくなったことは全部確認しないと気が済まない。夕飯を食べながら、風呂に入りながら、不安に思ったものはかたっぱしから調べた。日付が変わるころまで粘り、「寝る！」と宣言して即就寝。

翌朝、四時に目が覚める。起床予定時間は五時。睡眠時間は四時間半、全力を尽くすには足りない。もっと寝なくちゃ、と思うも全く眠りにつけず、五時にのんきなアラームが鳴った時には相当イライラしていた。足元にあったカバンを思いっきり蹴った。物に当たるのは好きじゃないはずなのに、そうしないと爆発してしまいそうな焦りを抱えていた。自分でも驚くくらいイライラしている。感情を引きずったまま家を出た。勝負に向かう姿勢としては最悪だった。

幸いその日は玄関からの取材はなく、駒場東大前の改札から、ということになっていた。改札を出てカメラを見たら、なぜだかすっとイライラが消えた。追い込まれた状況で出ていた甘えや言い訳が、カメラという「究極の人前」シチュエーションによって封じられたのかもしれない。周りにも同志である受験生がたくさんいる。他人に見られるかもしれない状況で、かっこ悪いところは見せてられない。取材を受けておいてよかった、変な感情を試験に持ち込まなくて済んだ。インタビューで昨日のミスのことを話しつつ、自分に言い聞かせるようにできる限り笑顔で応えた。

「ま、今日は今日なんで、シャッキリいきます！」

そして、試験が終わった。シャッキリいけた。四時間半の睡眠は相当密度の濃いものだったらしい。あとで家に帰って布団を見たら、全く寝乱れていなかった。逆にいえばそれにすら気付けないほど朝の僕は焦っていたのだろう。英語のラスト一〇分で一気に疲労が出て朦朧としてしまったものの、幸い問題はほぼ解き終わっていた。

終了後のカンタンな取材を終えると、池袋でクラスメイトたちと合流し、シェーキーズの食べ放題でお疲れ様会。戦いが終わったという達成感と激戦の疲れで、この時ばかりは互いの合否を気にせず話ができた。

合格発表までの二週間はなんとも言えない感情で過ごした期間だった。一応後期試験向けの対策はするものの、どうにも身が入らないので一日数時間程度の短期集中型で手を打った。塾の自習室は一年で一番空いている時期だったし、余計にふわふわしてしまう。結局のところ、勉強に打ち込めるマインドが壊れてしまっていた。

ブックオフで『ゴルゴ13』を大量購入して読破しつつ現代史の感覚を養ったり、TSUTAYAで見たかった映画(当時は『アルゴ』が話題だった)を借りてきたり、溜まっていたラジオを聴いたり、風呂に一時間浸かって本を読んだり……。この一年経験したことのない「空白」を埋めるためにいろいろと試したけれど、どれもイマイチ乗りきれなかった。気がかりは一つ。

受かってんのかな?

当日は午後一時から発表だった。朝早く起きてもそわそわするので、前日は夜更かしして一〇時過ぎに起きた。合格発表が行われる本郷キャンパスに向かい、赤門をくぐるとテレビクルーが大勢で待ち構えていた。他の取材対象受験生も含めての撮影なので、設備も大掛かりだ。僕の目の前では受験生たちが我先にと掲示板へ向かいだしていた。僕がその流れについていこうとすると、クルーが「ちょっと待って、まだ準備ができてないんだ」。

オイオイこっちの人生かかってる合格発表にちょっと待ってても何もあるかよ、と苦笑しつつ、ジリジリしながらOKが出るのを待った。遠くでは早くも悲喜こもごもの声があがっている。気になる！

発表開始から十分ほど経って、ようやく「それじゃあ行きましょうか」との声がかかった。人混みに突っ込んでいき、少しずつ進む。五十メートルを数分かけて歩くと、文科二類のボードが見えてきた。

僕の番号は、２００６０。文二の掲示板のすぐ横には、日テレのカメラがスタンバイしてる。遠目からでもわかるほど、カメラは目立っていた。そのカメラが僕を追っている。準備がいいことだ。

カメラを視界に捉えた直後、僕は見つけてしまった。

カメラのすぐ横に、２００６０。

この一年欲しがっていた番号が、あまりにも前準備なしに飛び込んできてしまった。あれだけ待たされたものが、突然あちらからやってきた。喜びよりも前に、僕は拍子抜けしてしまって、

「あ、あった。ありましたよ」

などという、とぼけたリアクションをとってしまった。数学でミスをしたり、心臓が痛くなったり、そもそもスタートの成績が悪かったり……山あり谷ありの受験生活の最後、喜びのあまりなのか僕は大きなミスを犯してしまった。

あまりにも薄い僕のリアクションのせいで、晴れて伊沢拓司受験ドキュメンタリーはお蔵入りになった。後日放送された『東大受験物語』に僕の姿はなく、かわりに『news every.』で流れた番宣用映像でちょっぴり使われただけだった。

でも、ちゃんと嬉しかったのだ。発表を見に来ていた各塾のスタッフさんたち、電話先の母、僕に言わずに発表を見に来ていてバッタリ出くわした父、みんなが喜んでくれるたびに、鏡を見るように自分が今喜んでいることがわかった。カメラがあったことで突然の非日常が生まれて、その中にこれまでの日常の積み重ねがポッと現れたものだから混乱してしまったし、うまくリアクションがとれなかったけれど、確かに僕は合格をつかみ取り、達成感を得たのだ。

この穏やかな喜びは、僕にとって受験が「確認」であったからかもしれない。知力の確認ではない。クイズを通して僕が学んだ、僕自身の方法論、在り様の確認だ。

確かにこの日、僕は十八年の道のりを感じ取ることができた。道の途中で出会った人たちが、僕のために喜んでくれる姿から。


発表から数時間後、西日暮里のガストにクラスメイトが集結した。僕のクラスからは十六人が現役で東大に受かったらしい。医学部など他の大学を受けたメンバーなども加わって打ち上げが始まった。みんなドリンクバーで粘りながら、やれ合格体験記を書くといくらもらえるだの、どの第二外国語なら女子が多いだの、どのサークルがチャラいだの、くだらない話で盛り上がっていた。

ふと、クラスメイトが僕に聞いた。

「伊沢はクイズ続けんの?」

「続けるよ、もちろん」

即答した。続ける。

「一度クイズを始めたら、一時的に引退することはあっても辞めることはないよ。日常全部がクイズみたいなもんだしな」

僕にとって、受験の間であろうと、頭の中には常にクイズがあった。メモ帳を持ち歩いて、問題の種になりそうなものは逐一メモしていた。僕の日常は常にクイズというメガネを通してのものであり、その腐れ縁は切っても切れそうになかった。それほどまでに、クイズのことが好きだった。

もう何時間も座っていて、会話の種も尽きてきた。ただ、まだこの余韻に浸っていたい。

「そうそう、ガストってのは、スペイン語で『食事』って意味でね」

普段あまりやらない「クイズ王がクイズ王っぽいことを言う」ネタで勝負したが、友人たちは半笑いだった。滑った。やっぱり、クイズ王のレッテルを壊すタイプのネタのほうが受けがいいのか？

まだまだ、修行の日々は続く。

QUIZ JAPAN

秘蔵クイズ問題
500問

001
日本語では「万愚節《ばんぐせつ》」とも呼ばれる、四月一日の午前中だけは嘘をついても良いというイベントを何という？

002
郵便物などに貼られる「割れ物注意」のシールで、描かれているのはたいていどんな割れ物？

003
警察による分類では「共同危険型」と「違法競走型」に分けられる、集団で車やバイクを乗り回し騒音を上げる輩のことを何という？

004
着物などを縫う時、布がずれないように止めておくための針を何針という？

005
ネットショッピングサイト「Amazon」のロゴで、矢印が結んでいるのは、どの文字からどの文字？

006
中国・唐の時代には「祆教《けんきょう》」と呼ばれていた、『アヴェスター』を経典とするペルシャの宗教は何？

007
かつては読み下すと「雨の如き露」と書く当て字がよく用いられていた、植物に水をやる時などに用いる道具は何？

008
新井式回転抽選器や、旅行などに持っていく車輪付きキャリーバッグのことを、動かした時に出る音から普通何という？

009
焼いて食べるのに適していることからそう呼ばれるようになった、牛や豚の肉の中でも、肩から腰までの背中側にある上等な肉は何？

Answer

001【エイプリルフール】
002【ワイングラス】
003【暴走族】
004【まち針】
005【aからz】
006【ゾロアスター教】
007【じょうろ（如雨露）】
008【ガラガラ】
009【ロース】

010
ラブラドールレトリバーのグレーデルが国産初のこれになった、手足に不自由のある障害者を助ける役割を担う身体障害者補助犬の一種は何？

【介助犬】

011
成分に水銀が含まれるなどの理由から現在ではほとんど生産されていない、かつて擦り傷などに対して使われた、正式名称を「マーキュロクロム液」と呼ばれる薬液を、その色から何という？

【赤チン】

012
人から褒められるような素晴らしい働きを指す言葉で、特に有名人や子供が、人命を救助したり泥棒を捕まえたりすることがよくこう呼ばれるのは何？

【お手柄】

013
第二次アフガン戦争に軍医として従軍していた経験を持つ、コナン・ドイルの小説『シャーロック・ホームズ』シリーズに登場するホームズの相棒は誰？

【ジョン・H・ワトソン】

014
一五一三年に発見された当初は「南の海」と呼ばれており、マゼラン艦隊による世界一周の際、嵐が吹かなかったことから名付けられた、世界の三大洋の一つは何？

【太平洋】

015
宮崎県の椎葉村で今でも行われていることで知られる、森林を燃やして出た灰を肥料として作物を栽培する農法は何？

【焼畑農法】

016
クリオロ種、フォラステロ種、トリニタリオ種という三系統の品種が主に栽培されている、チョコレートの原料となるアオイ科の豆は何？

【カカオ】

017
ユークリッド幾何学におけるｘｙ平面において、原点を通り、ｘ軸との間で成す角度が六十度である右上がりの直線の傾きはいくつでしょう？

018
架空のものであることを表したり、より具体的に「手形」や「論文」を意味することもある、カンタンな英単語は何？

019
「紅白」「大正三色」「昭和三色」が御三家と呼ばれるのは、観賞用によく飼育されている何という生き物？

020
かつてはこの札のみに納税の証明印が押されていたという、現在でも絵柄が大きく描かれることが多いトランプの札は何？

021
受験では「滑り止め」の、チョコレートでは「義理」の対義語になる言葉は何？

022
止まった時の中で自分だけが動くことができる、荒木飛呂彦の漫画『ジョジョの奇妙な冒険』でＤＩＯが扱う黄金色のスタンドは何？

023
新潟県出雲崎町がその生産量日本一位である、駄菓子屋などでよく売られているカラフルな風船を、その素材から何という？

024
下着を洗ったり味噌汁を作ったりすることを半永久的に要求するという形で行うことも多い、結婚を申し込む行為を一般的に何という？

025
シマウマの脚の縞は、縦縞、横縞のどっち？

Answer

017 【ルート3】
018 【paper】
019 【錦鯉】
020 【スペードのA】
021 【本命】
022 【世界（ザ・ワールド）】
023 【紙風船】
024 【プロポーズ】
025 【横縞】

026
英語では「saturation」と呼ばれる、ある溶液に対してこれ以上特定の物質を溶かすことができない状態を何という？

027
これをセットする部分を「釜」と呼ぶ、裁縫用の糸を巻き付けておく筒状の道具は何？

028
一目散に立ち去る様子を言う際にも使われる、右足を一歩後ろに引いた後に一八〇度逆を向く、行進などで用いられる動作は何？

029
林家ペー・パー子夫妻の衣装など、目に痛いような鮮やかな桃色のことを、「衝撃的な」という意味の英語を使って何という？

030
紀伝体の書物を構成する二つの要素とは、為政者の業績を年代順に記した本紀と、武将・政治家など主要人物の伝記を並べた何？

031
長岡、土浦、大曲で行われるものが「日本三大」とされているのは、どんなイベント？

032
漢文において、文章には書いてあるが、読み下す時には発音しない字のことを何という？

033
会計などで用いられる用語で、ある期間の最後のことを期末というのに対し、はじめのことを何という？

034
つま先の部分が平らに揃えられておりその部分を「プラットフォーム」と呼ぶ、バレエを踊る際に履く靴のことを何という？

026【飽和】

027【ボビン】

028【回れ右】

029【ショッキングピンク】

030【列伝】

031【花火大会】

032【置き字】

033【期首】

034【トウシューズ】

035 テレビ朝日系列のドラマ『科捜研の女』で、主な舞台となっている都道府県はどこ？

036 芸能事務所の中でも、kiii、VAZ、UUUMといえばどんなタレントが所属している事務所？

037 セギン、ルクバー、ツィー、カフ、シェダルという五つの星がWの形を成している、北天に輝く星座は何？

038 川の水深が深く流れが静かな部分のことで、漢字では「瀞」と書くのは何？

039 パソコンでは作成したデータをある形式で出力・保存すること、小説では冒頭の文章のことを指して使われる言葉は何？

040 かつて肉食が禁じられていた時代に「山くじら」と呼ばれて食べられていたのは、どんな生き物の肉？

041 筋トレやボディビルの世界でよく言われる「バイセップス」とは、どの筋肉のこと？

042 もこな、猫井椿、いがらし寒月《さつき》、大川七瀬の四人からなる、『魔法騎士レイアース』『カードキャプターさくら』などの作品で知られる女性漫画家集団は何？

043 金融機関が短期の資金調達を行う際に用いる金利のことを、呼びかけにすぐ応じられる程の短さであることから何という？

Answer

【京都府】

【YouTuber】

【カシオペヤ座】

【とろ（どろ）】

【書き出し】

【イノシシ】

【上腕二頭筋（力こぶ）】

【CLAMP】

【コールレート】

044

ベリリウンヌという老婆から頼まれたチルチルとミチルが、ある色をした生き物を探しに行くというストーリーの、ベルギーの作家メーテルリンクが書いた童話劇は何？

【『青い鳥』】

045

「高い低い」の「高」という漢字の中でも、なべぶたの下を口ではなくタテヨコヨコタテの四画で書くものを、ある道具の名前を使って俗に何という？

【はしごだか】

046

戦後すぐ、有楽町にある『メトロ』がかけだしたのが最初であるとされている、かつてパチンコ屋のＢＧＭとして頻繁に使われていた行進曲は何？

【『軍艦マーチ』】

047

永久歯と比べて柔らかく溶けやすいために茶色く変色したり欠けてしまったりした子供の前歯のことを、ある調味料を使った呼び名で何という？

【味噌っ歯】

048

ネコや魚にとっては必須アミノ酸になっている、一八二七年に牛の胆汁から発見されたためその名がつけられた物質で、大正製薬の「リポビタンＤ」にはコレが一〇〇〇ｍｇ入っている、といえば何？

【タウリン】

049

出典である「老子」では「大方無隅《たいほうむぐう》」「大音希声《たいおんきせい》」「大象無形《たいしょうむけい》」という言葉と並んで登場する、「偉大な事業や人物が形成されるには長い時間がかかる」という意味の四字熟語は何？

【大器晩成】

050
一九七六年の著書で動物研究家の實吉達郎《さねよしたつお》が命名した、未確認動物を意味するアルファベット三文字の言葉は何？

051
今はあまり見かけない二槽式洗濯機の二槽とは、洗濯槽と何？

052
漢字では「茘枝」と書く、日本のスーパーでは台湾産のものをよく見かける果物は何？

053
鳥山明の漫画『ドラゴンボール』で、孫悟空の妻はチチですが、ベジータの妻は誰？

054
亀倉雄策がデザインしたロゴマークは「ダイナミックループ」と名付けられている、かつての電電公社が持株会社化した日本の通信事業最大手は何？

055
夏が過ぎてから初めて山の頂上に雪がつもることを、漢字三文字で何という？

056
一九四八年に開催され、パラリンピックの元となったストーク・マンデビル病院での競技会は、どのようなスポーツを行うものだったでしょう？

057
空想の動物を含めた動物図鑑的な内容や、人々の風習や遊戯を描いている場面もあるが、擬人化されたウサギやカエルが遊ぶ様子を描いた場面が特に有名な、国宝の絵巻物は何？

Answer

050 【ＵＭＡ】
051 【脱水槽】
052 【ライチ】
053 【ブルマ】
054 【ＮＴＴ（日本電信電話株式会社）】
055 【初冠雪】
056 【アーチェリー】
057 【『鳥獣戯画』】

058
作者自身がイタリア戦線に従軍記者として赴いたことから書かれた、イタリアへの志願兵フレデリック・ヘンリーと、イギリス人看護師キャサリン・バークレーの悲恋を描くアーネスト・ヘミングウェイの小説は何？

【『武器よさらば』】

059
統計学において、抽出されたデータを標本というのに対し、標本を取り出す前のデータ全体のことを何という？

【母集団（ポピュレーション）】

060
上毛かるたでは吾妻峡《あがつまきょう》がここをも凌ぐと謳われている、大分県中津市と玖珠町《くすまち》にある日本新三景にも選ばれた渓谷は何？

【耶馬渓《やばけい》】

061
一階部分が商店や駐車場になっていて二階より上に居住スペースのある住宅を、履き物の一種を用いて何という？

【下駄履き】

062
その管理下に警察庁がおかれている、内閣府の外局である委員会は何？

【国家公安委員会】

063
ホンダが発売する軽ハイトワゴンと、二〇〇〇年代初頭のジュビロ磐田が敷いていた名波浩を中央に置くフォーメーションに共通する名称は何？

【N-BOX】

064
音楽業界で単に「ＪＢ」といえば彼を指すことが多い、日本でもよく知られた『SEX MACHINE』などのヒット曲により「ファンクの帝王」と称されたアメリカのミュージシャンは誰？

【ジェームス・ブラウン】

065 そのモデルはキューバの漁師グレゴリオ・フエンテスとされている、ヘミングウェイの小説『老人と海』に登場する年老いた漁師は誰？

066 金儲けを何よりも優先する下世話な考え方のことを、金《きん》という言葉を使って「何主義」という？

067 桓武天皇による平安遷都が行われたとされる日程で開かれる、その桓武天皇を祀った平安神宮の祭礼である京都三大祭の一つは何？

068 夜間に屋台で売っているうどんや、それを売る屋台自体のことを、赤ちゃんの行動と同じ呼び名で何という？

069 日本産ウイスキーを特徴づける樽に使われ「ジャパニーズオーク」とも呼ばれている、ブナ科の樹木は何？

070 たとえ才能のある人でも、貧乏な状態では知恵が回らずに愚かになってしまうということを、「貧すれば」どうするという？

071 ケッペンの気候区分において、ツンドラ気候と氷雪気候が分類されるのはAからEのどこ？

072 静岡県河津町と伊豆市の境界にある、川端康成の小説『伊豆の踊子』でも重要な舞台となる峠は何？

073 晋の武帝が学問に励んだ際に咲いたという故事から「好文木」と呼ばれるのは、何という植物？

Answer

065【サンチャゴ】

066【拝金主義】

067【時代祭】

068【夜なきうどん】

069【ミズナラ】

070【貧すれば鈍する】

071【E気候】

072【天城峠】

073【ウメ】

074
単行本の巻頭には芳ヶ江国際ピアノコンクールの演奏プログラム表が掲載されている、直木賞と本屋大賞のW受賞を果たした恩田陸の小説は何？

075
財政法において発行が認められている唯一の国債である、現行の法律によって公共事業費などの財源を確保するために発行される国債のことを何という？

076
その採取過程と希少さから「革のダイヤモンド」と呼ばれる、馬の尻から取った革材のことを何という？

077
ヘンミなどが製造していた直線型のものは現在レアになってしまったが、コンサイスによる円盤状のものは現在でも容易に購入できる、高性能コンピュータができるまで計算の必需品であったアナログな道具は何？

078
筆を用いて絵や文字を書くことを、読み下すと「ふでをふるう」となる熟語で何という？

079
スピーカーの中でも、音楽ライブなどで演奏者に向かって音を出すスピーカーのことを「監視する」という意味の英語から何という？

080
日本家屋において柱と柱の間の壁に取り付けられた飾りとなる横木のことで、漢字では「長く押す」と書くのは何？

074【『蜜蜂と遠雷』】
075【建設国債】
076【コードヴァン】
077【計算尺】
078【揮毫《きごう》】
079【モニタースピーカー】
080【長押《なげし》】

081 作曲家ラフマニノフとの深い交友関係でも知られる、『ファウスト』や『ボリス・ゴドゥノフ』での名演で名高いオペラ歌手で、日本発祥のステーキ料理にその名を残していることでも知られるのは誰？

082 近年ヒットした漫画、『坂道のアポロン』と『BLUE GIANT』で共に題材となっているものは何？

083 フリッツ・ツビッキーによってその存在が初めて仮定された、質量はあるが視覚的に観測が不可能な、宇宙空間にあるとされる物質は何？

084 麦の収穫期を指す「麦の秋」は、俳句ではいつの季語？

085 一度閉鎖された西園寺公望の私塾を、彼の秘書官である中川小十郎が京都法政学校として設立し直したことで開校された、関西の有名私立大学はどこ？

086 現在は静岡県富士市にその名が残るものの、万葉の時代には静岡市清水区付近の海岸をこう呼んだのではないかとされる、百人一首に選ばれた山部赤人《やまべのあかひと》の歌に歌枕として読み込まれた地名は何？

087 化学反応において、反応し合う物質を反応物といいますが、反応によって生じる物質を何という？

088 鯉のぼりを掲げる竿の先についている、風を受けて回る仕掛けを何という？

Answer

081 【フョードル・シャリアピン】
082 【ジャズ】
083 【ダークマター】
084 【初夏（夏）】
085 【立命館大学】
086 【田子の浦】
087 【生成物】
088 【矢車】

089
高校生物においてはムラサキツユクサやコオロギを使って実験されることが多い、生殖細胞が形成される際におきる、娘細胞の染色体数が母細胞の半分になる細胞分裂を何という？

090
千葉県いすみ市の光福寺では定期的にこれの「合同葬儀」が行われている、二〇一四年三月末をもってSONYの公式な修理対応が終了したことで「死なないペット」ではなくなってしまった、同社の犬型ロボットは何？

091
SI単位系に切り替わる前はレムという単位で表されていた、生体が受ける放射線被ばくによる影響の大きさを示すSI単位の一つは何？

092
元々は不動産の売買契約書を意味していた言葉で、自分の体面や品位が問われる出来事を「これに関わる」というのは何？

093
生活費の範囲を超えてこのお金を受け取ると贈与税がかかる可能性がある、離れて住んでいる親子の間で定期的に渡されるまとまった額のお金のことを普通何という？

094
ヤードポンド法において、一フィートは何インチ？

095
日本では槍ヶ岳にあるものが有名な、氷食によってできた尖った峰のことを何という？

【減数分裂】
【AIBO】
【シーベルト】
【沽券】
【仕送り】
【十二インチ】
【ホルン（ホーン、尖峰）】

096 路上で行われている警察によるスピード違反取り締りのことを、ある動物を捕る罠に例えて俗に何という？

【ねずみ捕り】

097 大化の改新でその役割が二分割された、蘇我稲目から蘇我入鹿までが代々引き継いでいた大和朝廷における役職は何？

【大臣《おおおみ》】

098 その学名には江戸時代に来日したシーボルトの名がつけられている、漢字では馬の大きな頭と書く日本最大のトンボは何？

【オニヤンマ】

099 月面のクレーターの一つ「キムラ」に名を残している、Z項の発見などの業績から第一回文化勲章を受章した日本の天文学者は誰？

【木村栄《ひさし》】

100 敵対する相手を惑わすため、一見すると本来の目的とは違う行動を取る作戦のことを、漢字二文字で「何作戦」という？

【陽動作戦（牽制作戦）】

101 同じ会社によりデザインされたフィラデルフィア・フィリーズのマスコット「フィリー・ファナティック」と容姿が酷似している、背番号「！」を背負う広島東洋カープのマスコットは何？

【スライリー】

102 将棋のハンデで「四枚落ち」といったら、落とす駒は飛車角と何？

【香車】

103 めでたいお祝いや結婚式の受付において、ゲストが自分の名前を記入する帳簿のことを日本語で何という？

【芳名帳】

104 『先生！』『高校デビュー』『青空エール』『俺物語!!』などの作品で知られる人気少女漫画家は誰？

【河原和音《かわはらかずね》】

105
苗を植えやすくしたり、土をならすことが目的である、田植え前の田んぼに水を張って土をかき混ぜる作業を何という？

106
気象用語の春一番と木枯らし一号は、共に風速が何メートル毎秒以上の風であると定義されている？

107
警察用語では使う時の様子からパーと呼ばれる、刑事ドラマなどではよく「警察だ！」と言いながら見せびらかすものといえば何？

108
「クチバシ」と呼ばれる小さなパーツと、「ジョウ」と呼ばれる大きなパーツを使って、物の寸法を測る道具は何？

109
ニュートンの運動方程式 ma=*F* において、mは質量を表しますが、aは何を表す？

110
日本語では「情景模型」と呼ばれる、景色やそこにいる人間などを縮小して立体的に表した模型のことを何という？

111
今井美樹の『PRIDE』の歌い出しに登場する「南の一つ星」とはこの星を指している、みなみのうお座のアルファ星は何？

112
強い打撃などによって体が傷つくことと、船が岩などに乗り上げることに共通する呼び方は何？

113
日本の市で、橿原《かしはら》市があるのは奈良県ですが、柏原《かしわら》市がある都道府県はどこ？

【代掻《しろか》き】

【八メートル毎秒】

【警察手帳】

【ノギス】

【加速度】

【ジオラマ】

【フォーマルハウト】

【ざしょう（挫傷、座礁）】

【大阪府】

114 馬を待機させていた従者たちが、主を待つ間に交わしていたうわさ話のことで、現在では転じて勝負事などの前評判を指すようになったのは何？

115 コルネリア、ポンペイア、カルプルニアという三人の妻を持ち「ハゲの女たらし」とあだ名された、共和制ローマにおける有名な政治家は誰？

116 競走馬の年齢で「当歳」といえば、実年齢で何歳？

117 一八六九年から横浜で作られていた、低温殺菌法を用いたビールが元祖とされる、加熱殺菌のための熱処理をしていないビールのことで、居酒屋に入ったらとりあえずコレなのは何？

118 二〇一七年には二十年ぶりとなる続編も公開された、スコットランドに住むヘロイン中毒の若者の日常を描いたダニー・ボイル監督の映画で、モノクロ写真にオレンジのロゴのポスターや登場人物たちのファッション、ＢＧＭなどが世界的なブームを巻き起こしたのは何？

119 江戸時代から明治時代にかけて日本で起こった「浦上四番崩れ」や「五島崩れ」といえば、どのような人々が摘発された事件でしょう？

120 企業が、食料品などの生産コスト増加に伴い、値段はそのままだが商品の内容量を減らすことによって実質的値上げを行う現象のことを何という？

Answer

114 【下馬評】

115 【カエサル】

116 【０歳】

117 【生ビール】

118 【『トレインスポッティング』】

119 【隠れキリシタン（キリスト教徒）】

120 【シュリンクフレーション】

121 寺尾聰の『ルビーの指環』に登場する女性は、何月生まれ？
【七月】

122 少年屯田大作《とんだだいさく》がペットのイグアナを突然変異させたことで生まれた、嬉しい時には「バラサバラサ」、力が出ない時には「しおしおのパ〜」というセリフを発する、心優しい快獣は何？
【ブースカ】

123 よくスポーツ紙などでは「結果に対する論評」を意味して使われる、日本の学校で生徒に渡される成績や素行を評価した文書のことを何という？
【通信簿（通知票、通知表）】

124 一八六五年の論文『多面体の体積の決定について』の中で、平面的な帯をひねってつなぐことで作られる「輪」について初めて言及した、ドイツの数学者は誰？
【アウグスト・メビウス】

125 ある方程式を因数分解する過程で全ての項に共通する因数を求め式をまとめることを、動詞で表現すると何という？
【くくりだす】

126 紀元前九世紀頃までの地中海交易を支配し、シドンやティルスといった都市国家を繁栄させた交易民族は何？
【フェニキア人】

127 元々は肥料などに用いる植物を採るために設けられた入会地のことで、転じて多数の競争者が利益を奪い合う状態を指す言葉は何？
【草刈り場】

128 コンピュータが計算結果を表示することや、向きを逆にすることを指して用いられる動詞は何？
【返す】

129
ギリシャ神話ではキュパリッソスが姿を変えた姿であるとされ、キリスト教ではキリストの十字架がこの木でできていたとされている、英語では「Cypress」と呼ばれる樹木は何？

130
パソコンを用いた組版のことをＤＴＰといいますが、これは何という英語の略？

131
サム・ウッド監督によるアメリカ映画『打撃王』で主人公として描かれている野球選手は誰？

132
クォークと共にフェルミ粒子に分類され、電子やニュートリノもここに含まれる、ギリシャ語で「軽い」という意味がある素粒子のグループは何？

133
クリーンサープラス関係が成立する場合に貸借対照表との間に連携が成り立つ、対象年度に発生した収益と費用をまとめた財務諸表のグループは何？

134
沖縄を代表するビール・オリオンビールの本社がある、沖縄県の市はどこ？

135
タンパク質の水溶液に強いアルカリを加えて熱した後、硫酸銅水溶液を加えると紫色へと変色するという反応で、タンパク質のペプチド結合を検出するのに使われるのは何？

Answer

【イトスギ】

【Desktop Publishing】

【ルー・ゲーリッグ】

【レプトン】

【損益計算書（Ｐ／Ｌ）】

【浦添市】

【ビウレット反応】

136
一九一八年に結成した如月社《きさらぎしゃ》では藤山一郎に自らの曲を歌わせていた、『青い眼の人形』『七つの子』などの童謡を作曲したのは誰？

137
マイクロソフトのエクセルにおいて、セル内の数字や文字が一定条件を満たしている時に、自動的にセルに色を付けたりできる機能を何という？

138
茶室の庭先にある「つくばい」を漢字二文字で書いた際、二つの漢字に共通する部首は何？

139
一九七七年にソマリア人のアリ・マオ・マーランが感染してからは自然感染の報告がない、全身に膿疱《のうほう》を作り強い感染力と致死性を持つ感染症は何？

140
凍結した畑に水に浸けた種をまくとよく育つ、地中深くに埋めた種は強い根を張る、寒いところに置かれた種は寒さに強い植物を生む、などのトンデモ理論がよく知られている農法は何？

141
ポール・デスモンドが作曲したジャズのスタンダードナンバー『Take Five』は、その名の通り何分の何拍子？

142
外来種の駆除や水質の改善のため、池の水を抜いて天日に晒すことを何というでしょう？

143
日本最大の広告コンペやコピーライター養成講座を開催している、広告関連雑誌の「○○会議」シリーズで有名な出版社は何？

【本居長世《もとおりながよ》】

【条件付き書式】

【足編（「蹲踞」と書く）】

【天然痘】

【ヤロビ農法
（ミチューリン農法）】

【四分の五拍子】

【掻《か》い掘《ぼ》り（換《か》え乾《ぼ》し、池干し、泥流し）】

【株式会社宣伝会議】

144
那須にある殺生石を打ち砕いた僧侶の名がつけられた、大きな金槌の一種は何？

145
一八四九年、二枚の鏡と歯車を用いた実験により世界で初めて地上で光の速度を測定した、フランスの物理学者は誰？

146
小売店の従業員が、お金を払わずに自分のお店の商品を持ち帰る犯罪を、万引きに似た呼び名で何という？

147
世界最大のものはナイメーヘン国際フォーデーマーチ、日本最大のものは日本スリーデーマーチといえば、どんなスポーツの大会？

148
人間の骨のうち、俗に「貝殻骨」とも呼ばれるのは何？

149
正式な名前をヤエヤマアオキというアカネ科の木で、その果実をジュースにしたものが健康食品として注目され、ハワイ語での呼び名が一般化しているのは何？

150
福本伸行の麻雀漫画『アカギ～闇に降り立った天才～』において、序盤の語り手となる、アカギに三〇〇万の借金をチャラにしてもらった普通の人は誰？

151
その北壁の登頂にはナチスドイツからベルリン五輪の金メダルが懸賞としてかけられていた、ユングフラウ三山やアルプス三大北壁に数えられるスイスの山は何？

Answer

144【げんのう（玄翁・玄能）】
145【アルマン・フィゾー】
146【内引き】
147【ウォーキング】
148【肩甲骨】
149【ノニ】
150【南郷さん】
151【アイガー】

152
映画『オデッセイ』では地球を用いてこれを行っている、天体の重力を利用して宇宙船の軌道や速度を変えることを何という?

153
広告費の獲得などを目的として、新聞社が新聞販売店に対して契約件数を超えた部数の新聞を買い取らせることを普通何という?

154
日本語では「試香紙《しこうし》」と呼ばれる、香水の香りを確認するために用いる紙を、フランス語で何という?

155
サイコロ賭博で丁に張るか半に張るかを迷っている様子に由来する言葉で、現在ではあれやこれやと迷い言を連ねることを「これこれ言う」と使うのは何?

156
外野の片側にいるプレイヤーに対して反対方向にフライを打ち、走りながら捕球させる、野球におけるノックの一種を、ある国の名前を使って何という?

157
テレビゲームのプレイ方法の一つで、エミュレータを用いたコマ送りなどによって、普通にプレイするとほぼ不可能なタイムアタックを行うことを、アルファベット三文字で何という?

158
川の水は一度流れ出すとたちまち遠くまで至る、ということから、物事がスムーズに進んだり、弁舌がよどみないことを例えて使われる四字熟語は何?

【スイングバイ(重力アシスト、重力ターン)】

【押し紙】

【ムエット】

【四の五の】

【アメリカンノック】

【TAS (Tools-assisted speedrun/superplay)】

【一瀉千里《いっしゃせんり》】

159 科学における対照実験において、何もしていない実験群を統制群や対照群というのに対し、何らかのアクションを施した実験群を何という?

160 カタルーニャ州独立運動の指導者的存在の一人であり、自らもサッカーカタルーニャ代表に所属していた、「ペップ」の愛称で知られる現代サッカーの名将は誰?

161 特にラーメン店などについて言われることが多い、同業他社が多くひしめき合う地域のことを、人気候補の多い選挙区に例えて漢字三文字で何という?

162 安南にあったものには一時期阿倍仲麻呂が赴任して長官を務めていた、中国の漢や唐の時代に置かれた、辺境警備や異民族の統治を行った役所は何?

163 サビの一部にJ-POPとしては珍しい四分の五拍子が使われている、タイアップしたアニメ『働きマン』もヒットしたチャットモンチーの代表曲は何?

164 これを受けて行われた「懲罰解散」とその後の選挙により目的は達成された、虎ノ門事件を受け組閣された清浦奎吾《きようらけいご》内閣に対し、政党政治の復活を求めた政治運動は何?

Answer

159 【処置群(処理群、投与群)】

160 【ジョゼップ・グアルディオラ】

161 【激戦区】

162 【都護府】

163 【『シャングリラ』】

164 【第二次護憲運動】

165 ドライアイスとアセトンや、氷と食塩のように、科学実験などで低温を得るために二種類以上の物質を混合させたものを何という？

166 近松門左衛門の浄瑠璃『冥途の飛脚』で、友人宛ての預り金で女郎の梅川を身請けしてしまい追われる身となる飛脚問屋の名前は何？

167 元々は富士山の山頂付近にある最後の険しい登り道のことで、転じて物事を達成するうえでの一番苦しいところを指すのは何？

168 中央には通称「エロス」と呼ばれる像が立ち、演劇の街ウエストエンドの中心を成す、ロンドンにある大きな広場は何？

169 その鮮やかな赤色から日本語では「カエンサイ」と呼ばれる、ロシアの郷土料理・ボルシチに入れられる野菜は何？

170 お笑いのネタを披露すること、言葉に複数の意味を持たせること、速く走ることを表す際に共通して用いられる、日本語の動詞は何？

171 英語名を「ジャパニーズ・ブルヘッド・シャーク」というサメの一種を、ある動物の耳に似た突起が目の上にあることから何という？

172 イギリスの貨物船ノルマントン号はここの沖で沈没した、和歌山県串本町に属する本州最南端の岬は何？

173 和服の袴《はかま》の上部にある、左右の腰の開いたところを縫い止めてある部分を何という？

---

165 【寒剤（起寒剤、フリージングミクスチャー）】

166 【亀屋忠兵衛】

167 【胸突き八丁】

168 【ピカデリーサーカス】

169 【ビート（ビーツ）】

170 【かける】

171 【ネコザメ】

172 【潮岬《しおのみさき》】

173 【股立《ももだち》】

174 妻は二十歳年下のモデル、ロージー・ハンティントン＝ホワイトリーである、『アドレナリン』や『トランスポーター』などの映画シリーズに主演したアクション俳優は誰？

175 第一級アルコールを酸化させるとアルデヒドになりますが、第二級アルコールを酸化させると何になる？

176 自転車の場合は全ての交差点で、原付の場合は片側三車線以上もしくは標識による指示のある場合に行うことになる、交差点で右折する際に、直接右に行くのではなく一旦交差点を渡りきってから右に向き直る右折方法を何という？

177 人気の日本酒で、くどき上手、十四代、出羽桜といえば、どこの県で作られているもの？

178 ゆかりの地である富岡八幡宮には彼の銅像が建てられている、江戸時代に全国各地を測量してまわり「大日本沿海輿地全図」を制作したのは誰？

179 新聞社において、新聞の編集やその論説の責任者を務める人のことを、漢字二文字で何という？

180 現在では「平城太上天皇の変」と呼ばれることも多い、八一〇年に起こった平城上皇と嵯峨天皇の間での権力争いに伴う動乱を、兄の藤原仲成《なかなり》らと専横を極めた女官の名前から何の変という？

Answer

174 【ジェイソン・ステイサム】

175 【ケトン】

176 【二段階右折（フックターン）】

177 【山形県】

178 【伊能忠敬】

179 【主筆】

180 【薬子《くすこ》の変】

181 ダイオードにおいて、アノードからカソードへの一方向にしか電流が流れない性質のことを何という？

182 そのデータには「.flac」や「.dsf」といった拡張子が用いられることが多い、CDよりも高音質な音楽データのことを、ハイレゾリューションを略した言葉で何という？

183 安寿と厨子王伝説で知られる安寿が祀られている山でもある、コニーデ型の美しい山体から「津軽富士」と呼ばれる青森県の最高峰は何？

184 日本各地で行われている霊場巡りではこれを集めることが一つの目標となる、神社やお寺で参拝記念に押してもらえるはんこを何という？

185 赤い菱型か赤い松明のマークで表されていることが多い、近年のスーツケースにつけられている、通常施錠が認められていないアメリカの空港にも施錠した状態で渡せる特殊なロックを、アメリカ運輸保安局の略称から何という？

186 『狂った果実』以降、二十三もの作品で石原裕次郎と共演し一九六〇年に結婚した、現在石原プロモーションの代表取締役を務めている元女優は誰？

187 カナダからアラスカを流れベーリング海に注ぐ北米の大河で、カヌー犬・ガクと共に川を下った野田知佑《ともすけ》による紀行文や、『水曜どうでしょう』での川下り企画でも知られるのは何川？

181【整流作用（rectification）】

182【ハイレゾ（ハイレゾ音源）】

183【岩木山】

184【御朱印（朱印）】

185【TSAロック】

186【石原まき子（芸名：北原三枝）】

187【ユーコン川】

188 日本の政令指定都市にある区で、大正区があるのは大阪市ですが、昭和区があるのはどこ？

189 定点の周りを周回する物体がある時、定点と物体との間を結ぶ線分が単位時間あたりに描く図形の面積の大きさのことを何という？

190 本来はオジギソウのことを呼ぶ名だったが、現在ではギンヨウアカシアやフサアカシアの通称になっている、シャンパンとオレンジジュースによるカクテルや、ゆで卵を使ったサラダにその名を残す花は何？

191 サッカーにおいては股抜きを意味するスラングにもなっている、和名をニクズクという香辛料として使われる植物は何？

192 徳川光圀からの依頼によって書かれた万葉集の注釈書『万葉代匠記』で知られる、江戸中期の国学者は誰？

193 商法においては会社で働く人全般を指すが、一般的にはお金持ちの家が雑用のために雇う人を指して使われる漢字三文字の言葉は何？

194 賭け麻雀における賭けレートのことを、気象用語になぞらえた隠語で何という？

195 商店でない普通の家や、元々は商いをしていたが今はやめてしまった家のことを何という？

196 久米田康治の漫画『さよなら絶望先生』で、絶望先生の本名は何？

Answer

188【名古屋市】

189【面積速度（扇形速度）】

190【ミモザ】

191【ナツメグ】

192【契沖《けいちゅう》】

193【使用人】

194【風速】

195【仕舞屋《しもたや》】

196【糸色望《いとしきのぞむ》】

197
アルファベット三文字でDBTと略されることが多い、薬などの臨床試験において、医師や患者、評価者に処理される内容が知らされない状況で行う試験方法を何という？
【二重盲検法】

198
ウィキペディアで初めて編集されたページはこの犬の項目であった、その長い毛をトリミングして楽しまれることも多い犬種は何？
【プードル】

199
一九八八年のソウルオリンピック女子五二kg級では銅メダルに終わったものの、一九八四年に日本人女子として初めて世界選手権で金メダルを獲得し「女三四郎」と呼ばれたのは誰？
【山口香】

200
大勢の仲間と共に下積みの仕事にあたる人のことを、兵隊に例えて何という？
【一兵卒】

201
その形などがハタハタの卵に似ていたことから名付けられた、ホウキギの果実を加熱した食品は何？
【とんぶり】

202
宝塚歌劇団のミュージカル作品で、『リラの壁の囚人たち』『ツーロンの薔薇』『グランサッソの百合』といえば、いずれも何という戦争を舞台にしたもの？
【第二次世界大戦】

203
メジャーリーグの球団で、トロピカーナ・フィールドを本拠地としているのはタンパベイ・レイズですが、ミニッツメイド・パークを本拠地としているのはどこ？
【ヒューストン・アストロズ】

204 サドバリー・ニュートリノ観測研究所所長のアーサー・B・マクドナルドと共に、二〇一五年のノーベル物理学賞を受賞した、東京大学宇宙線研究所の所長は誰？

205 古語で、「いたづらなり」といえば「むなしい」という意味ですが、「いたづらになる」といったらどんな意味？

206 かつて日本橋《にっぽんばし》二丁目にあった圓明寺というお寺の山門からその名がつけられた、大阪ミナミにある大規模な商店街はどこ？

207 映画『スター・ウォーズ』シリーズにおいて、若かりし頃のアナキン・スカイウォーカーの師であり、そのアナキンに殺されるまではルーク・スカイウォーカーを指導していたジェダイマスターは誰？

208 貿易に関する言葉で、「FTA」を日本語に直すと「自由貿易協定」ですが、「EPA」を日本語に直すと何になる？

209 現在タレントとしても活躍する松野明美が、女子一万メートルの代表として出場したオリンピックはどこで開かれた大会？

210 東涯《とうがい》ら五人の息子もみな儒学者となった、京都に私塾「古義堂《こぎどう》」を開いて儒学研究を行った江戸前期の思想家は誰？

211 本場韓国ではお祝いの席で食べられることが多い、カキなどの海鮮を白菜で包んだキムチを「包む」という意味の韓国語で何キムチという？

Answer

【梶田隆章】

【死ぬ、無駄になる】

【黒門市場商店街】

【オビ＝ワン・ケノービ（ベン・ケノービ）】

【経済連携協定】

【ソウルオリンピック】

【伊藤仁斎】

【ポッサムキムチ】

212
電力供給を、人間の関与のない形で最適化できるようにした電力網のことを、賢い送電線という意味のある英語で何という？

【スマートグリッド】

213
郷ひろみに『セクシー・ユー』としてカバーされた『モンロー・ウォーク』や、同名映画の主題歌でもある『スローなブギにしてくれ』で知られる歌手は誰？

【南佳孝《みなみよしたか》】

214
表面には鷲や太平洋をあしらった州章が、裏面にはビーバーが描かれた、アメリカ五十州の中で唯一オモテウラのデザインが違う州の旗は、どこの州のもの？

【オレゴン州】

215
ジャンシス・ロビンソン、ヒュー・ジョンソン、そして帝王ロバート・パーカーといえば、何の評論家？

【ワイン】

216
日本史においては平将門が新皇《しんのう》を名乗ったことなどがこう呼ばれる、自らの位を越えた高い地位を自称することを、二字の熟語で何という？

【僭称《せんしょう》】

217
カロテンの過剰摂取などによって起こる正式には柑皮症と呼ばれる症状を、ある食べ物をたくさん食べることでよく起こることから俗に何という？

【みかん病】

218
社会主義時代のルーマニアや近年の北朝鮮での事例が知られている、国内の必要物資消費を制限し、輸出に回して外貨を獲得する貿易政策を何という？

【飢餓輸出】

219
星奏学院《せいそうがくいん》を舞台に、主人公の日野香穂子が音楽科のイケメン男子たちと恋愛を繰り広げていくという内容の、コーエーから発売されていた女性向け恋愛シミュレーションゲームは何？

220
晩餐を表すDinnerとSupperのうち、新約聖書における「最後の晩餐」を英語で表した時に普通使われるのはどちら？

221
童謡『アイスクリームのうた』で、のどを通ると歌われているものは何？

222
行政権が大統領に集中しているアメリカにおいて大きな力を持つ、大統領が連邦議会に対して提出する政策意見書のことを、漢字二文字で何という？

223
一九九三年に第一回が開催された、日本主導による「アフリカ開発における東京国際会議」のことを、アルファベット五文字の略称で何という？

224
ヤクザの言葉で、警察や他の組への密告者のことを、子犬を意味する言葉を使って何という？

225
太陽から見て、ある惑星から六十度の位置にあるラグランジュポイント付近に存在する、小惑星が密集する領域を何という？

226
外国人船員によって運行される日本船籍の漁船・貨物船のことを、日本の船の名前によく付けられる言葉を用いて何と呼ぶ？

Answer

219【『金色のコルダ』】
220【Supper】
221【音楽隊】
222【教書】
223【TICAD】
224【チンコロ】
225【トロヤ点（トロヤ群）】
226【マルシップ】

227 現在のところ、北海道に唯一存在する原子力発電所は何？
【泊《とまり》原子力発電所】

228 室町幕府第四代将軍である足利義持に与えられたお題をもとに描かれた、靄《もや》の中でひょうたんを持って佇む老人と泳ぐナマズを描いた如拙《じょせつ》の水墨画は何？
【瓢鮎図《ひょうねんず》】

229 燃料や整備不良が原因でエンジンから異音や振動が生じる現象で、オクタン価やセタン価がこれの起こりづらさを表す指標であるのは何？
【ノッキング（エンジンノック）】

230 野球において、シーズンを通して長いイニングを投げることができるピッチャーのことを、「多くのイニングを消化できる」ことから何という？
【イニングイーター】

231 金属を触媒として普通は結合しない二つの化学物質が選択的に結合するという反応で、根岸英一と鈴木章のノーベル化学賞受賞理由ともなったのは何？
【クロスカップリング（カップリング）】

232 農協改革や外国人労働力問題について言われることが多い、業界団体と関係省庁との堅い結びつきによって改革することが難しい政治上の規制のことを、ある硬いものに例えて何という？
【岩盤規制】

233 妊婦が感染すると胎児への影響が大きいことから現在でも問題になっている、その症状と短期間で治ることから「三日ばしか」の別名がある感染症は何？
【風疹】

234 焼酎やお湯に漬け込んで渋を抜いた柿のことを、特に何柿という？

235 コンタクトレンズの形状の指標の一つであるベースカーブは、数字が大きくなるとカーブがきつくなる、ゆるくなるのどちら？

236 オーケストラにおいて同じ楽譜を見る二人組のことを、譜面台を意味する言葉から何という？

237 主に福岡市で食べられている、エゴノリを加工して作られるところてんのような食品は何？

238 割り箸の中でも、割れ目に溝を入れ、角を切り落としたものを、江戸時代の年号を使って何という？

239 正式には「フレンド派」と呼ばれる、十七世紀にジョージ・フォックスが創始したプロテスタントの一派は何？

240 東京都の山種美術館がその作品を多数保有している、『名樹散椿《めいじゅちりつばき》』『炎舞』などの作品で知られる日本画家は誰？

241 緑色の瓶に梅の実が二つ入っている、チョーヤが販売するカップ酒タイプの梅酒は何？

242 ＩＴやハイテク製品のマーケティングにおいてジェフリー・ムーアが提唱した、初期の受容者を獲得した後のメイン市場への移行を阻む「深い溝」のことを、英語で何という？

Answer

234 【さわし柿】

235 【ゆるくなる】

236 【プルト】

237 【おきゅうと】

238 【元禄（元禄箸）】

239 【クエーカー】

240 【速水御舟《はやみぎょしゅう》】

241 【プラＱ】

242 【キャズム】

243 ＴＤ系と略されることも多く、『にゃんこ大戦争』や『クラッシュ・オブ・クラン』などがこれに当たる、自分の陣地に防御設備を設置し、侵入してくる敵から陣地を守りきるゲームの総称を何という？

244 アメリカの偉人で、社会学者のゴフマン、科学者のラングミュア、映画プロデューサーのタルバーグに共通するファーストネームは何？

245 現在天気予報に使われている電話番号「１７７」は、元々はある政治家の家の電話番号でした。さて、それは誰？

246 魚の下洗いや下味つけに用いられる、海水と同じ約三％の塩分濃度にした塩水を料理の言葉で何という？

247 東京都立川市に本部を置く国立《こくりつ》の研究所で、南極と北極に関しての研究を主な業務としており、南極観測隊のメンバーの多くがこの機関の所属であるのはどこ？

248 慣用句で、土地の値段が非常に高いことを「土一升に何一升」という？

249 アメリカの起業家ニック・ウッドマンが立ち上げたウェアラブルカメラのブランドで、高いシェアを誇ることからウェアラブルカメラそのものを表す名称としても使われているのは何？

250 渋谷にある道玄坂の名前の由来であると言われている、鎌倉時代にこの坂で山賊行為を行っていた男は誰？

243【タワーディフェンス】
244【アーヴィング】
245【大隈重信】
246【立《た》て塩《じお》】
247【国立極地研究所】
248【土一升に金《かね》一升】
249【GoPro】
250【大和田道玄】

251
電気回路の一種であるRLC回路で、Rは抵抗、Lはコイルを表しますが、Cが表すものは何？

252
一九六三年からは鳥獣保護区に改称されたことで廃止されている、動物保護の観点から狩猟を行ってはいけない場所のことで、郷ひろみのシングル曲にもその名が使われているのは何？

253
江戸時代、奉行所で奉行に仕え、同心を従えて治安の維持や犯罪の取り締まりにあたった、江戸幕府の役職は何？

254
NHKのドラマ『マッサン』では軍が音波防御レーダー用にこの物質の提供を求める場面があった、ぶどうやワインに多く含まれるヒドロキシ酸の一つは何？

255
一九八三年の北海道知事選挙で横路孝弘《よこみちたかひろ》を支援する団体が名乗ったのが起源とされる、当事者のあずかり知らぬところで集まり、それを応援する集団のことを漢字三文字で何という？

256
映画『バグダッド・カフェ』の舞台にもなっているアメリカ南西部の砂漠で、『アメリカ横断ウルトラクイズ』では二度のバラマキクイズが行われた場所として知られているのはどこ？

257
イギリス人作家クエンティン・クリスプのアメリカにおける孤独と苦悩をモデルに作られた、イギリス出身のミュージシャン・スティングの代表作は何？

Answer

251【コンデンサー】
252【禁猟区】
253【与力】
254【酒石酸】
255【勝手連《かってれん》】
256【モハーベ砂漠】
257【『Englishman in NewYork』】

258 日本プロ野球において、これまでただ一人左腕として完全試合を達成したのは誰？

259 マルグリット・ペレーが自らの出身国にちなんで命名した、原子番号87、元素記号Frの元素は何？

260 公共サービスを提供する公共施設の運営を、公的機関ではなく民間に資金面も含めて委ねることを、アルファベット三文字で何という？

261 学術的な一派であるカルテジアンとは、誰の思想に共鳴・賛同する人々？

262 水晶体を引き締めたり伸ばしたりすることでピント調節の役割を担う、水晶体の周りにある目の組織は何？

263 「額縁」と呼ばれることも多い、ナポリピッツァの外側に付いている肉厚になった生地のことをイタリア語で何という？

264 廃屋や倉庫などで大規模なライヴが多数開催された、1980年代のイギリスでハウスミュージックが人気を博しクラブシーンが活況を迎えた時期を何という？

265 サッカーの応援などで使われる「ゲーフラ」とは、何という言葉の略？

266 日本人の苗字で、うすた京介の漫画に登場する「光沢《こうたく》」と、JRA騎手の「友治《ともはる》」に共通するのは何？

258【金田正一】

259【フランシウム】

260【PFI(Private Finance Initiative)】

261【ルネ・デカルト】

262【毛様体】

263【コルニチョーネ】

264【セカンド・サマー・オブ・ラブ】

265【ゲートフラッグ】

266【武士沢】

267 フランス国内では「ガスコーニュ湾」と呼ばれることも多い、フランス西岸からスペイン北岸までに面する大西洋の湾は何？

268 スポーツや芝居などについて、知識に長け、上手に鑑賞することのできる人のことを「見」という字を使った漢字三文字で何という？

269 メディケイドの拡充やキャデラック税の導入などで国民皆保険制度を目指した、二〇一〇年より始まったアメリカの医療保険制度改革のことを、これを推し進めた時の大統領の名前から何という？

270 アントン・ヘーシンクやディック・ブルーナの出身地であるオランダの都市で、オランダ最大の大学があることや、スペイン継承戦争の和平条約が一七一三年にここで締結されたことで知られるのはどこ？

271 映画『ブラックパンサー』のサウンドプロデュースを務めたことや、アルバム『DAMN.』で二〇一八年のグラミー賞五部門を受賞したことで話題の、アメリカのラッパーは誰？

272 多くの文化財を収蔵し「平安の正倉院」と呼ばれている、奈良にある藤原氏ゆかりの神社はどこ？

273 長雨の別名である「卯の花くたし」の卯の花はこの植物を指している、茎の中が空洞であるためその名がついた白い花を咲かせる樹木は何？

274 大阪では化粧をするという意味でも使われる、人の目を忍ぶためにみすぼらしい格好や立場になることを表す動詞は何？

Answer

267 【ビスケー湾】

268 【見巧者《みごうしゃ》】

269 【オバマケア】

270 【ユトレヒト】

271 【ケンドリック・ラマー】

272 【春日大社】

273 【ウツギ】

274 【やつす】

275
テレビ番組の中で、他のメイン企画の合間合間で、別の場所からの中継などで経過を少しずつ見せながら進むサブ企画のことを、二次元上のグラフに例えた言葉で何という？

276
カラフルなカバーラインナップで知られるフランスの手帳メーカーと、ポーランドの作家ヘンリク・シェンキェビチの代表作である歴史小説に共通する名前は何？

277
かつてはビートたけしのものまねなどでテレビに出ていたものの、現在ではシブい個性派俳優として、テレビ朝日『全力坂』のナレーションなどで活躍しているのは誰？

278
秦の商人呂不韋《りょふい》が王子・子楚《しそ》を助けたエピソードに由来する、「珍しいものは後で価値が跳ね上がる可能性があるので手に入れておくべきだ」という意味の故事成語は何？

279
チャールズ二世によるカトリック化政策を抑止するために一六七三年に制定され一五〇年の間施行されていた、公職につくものがイギリス国教会に忠誠を誓わなければならないとする法律は何？

280
サシガメによるシャーガス病の被害が多かったブラジルで心肥大への手術として考案された、左心室を部分的に切除する心臓手術を、考案者の名前から何という？

【縦軸】

【クオ・ヴァディス】

【吹越満《ふきこしみつる》】

【奇貨居《きかお》くべし】

【審査法（Test Act）】

【バチスタ手術】

281
現在その名前は日本ガイシが商標登録している、正極に硫黄、負極にナトリウムを使った大容量の電池を、それらの元素記号から何という？

282
パリ、アムステルダム両五輪で一〇〇m自由形を含む五つの金メダルを獲得し、後年には映画「ターザン」の主演でも人気を博したアメリカの水泳選手は誰？

283
市場への介入を減らすことで生まれる経済成長により税収が増加し、その増加によって国内財政を再建させようとする政治的派閥のことを特に何という？

284
突然変異体として発見された後その交配と繁殖の是非に道義的論争が巻き起こったことから、一九九五年にようやく新種として認定された、ダックスフントのような短い足が特徴的なアメリカ原産のネコは何？

285
『FNS27時間テレビ』の人気コーナーだった『さんま・中居の今夜は眠れない』で、セットの扉にいつも貼られていたのは、誰のポスター？

286
イスラームをフランスから排除し、ローマ教皇にはラヴェンナの献上を行った、七五一年にメロヴィング朝を廃し、新たにカロリング朝を興したフランク王国の王は誰？

Answer

281 【NAS電池】

282 【ジョニー・ワイズミュラー】

283 【上げ潮派】

284 【マンチカン】

285 【原辰徳】

286 【小ピピン（ピピン三世、ピピン短躯王）】

287 寒い冬の海で獲れることから「寒海《カンカイ》」とも呼ばれるタラ科の魚で、漢字では「氷の下の魚」と書くのは何？

288 不動産広告などでよく見かける「独洗」とは、何という言葉の略？

289 デンマークにあるフュン島の中心都市で、童話作家アンデルセンの出身地として有名なのはどこ？

290 急に降り出してパッとやむ雨のことで、吉行淳之介の芥川賞受賞作のタイトルにもなっているのは何？

291 漢字検定一級では淡水の対義語はこれであるとされている、元々は塩辛い水を指して使われていた言葉で、現在ではラーメンを作る時などに使うアルカリ塩水溶液を表しているのは何？

292 オリーブオイルから単離されたためその名がつけられた、チョコレートや椿油に多く含まれる不飽和脂肪酸で、動脈硬化などを予防する効果があることで注目されているのは何？

293 実家である坂井精機株式会社を継ぐために二〇一〇年に引退したものの、その後はスーパー・ササダンゴ・マシンとして活躍していることは公然の秘密である、DDT所属のプロレスラーは誰？

294 日本語では「懸垂下降」とも呼ばれる、ザイルを用いて岩壁などを降りていく方法をドイツ語で何という？

【コマイ（氷下魚）】

【独立洗面台】

【オーデンセ】

【驟雨《しゅう》】

【かんすい（鹹水）】

【オレイン酸】

【マッスル坂井（坂井良宏）】

【アプザイレン】

295 自由奔放に生きる作家の桂一雄が主人公の、檀一雄のライフワーク的小説は何？

296 尼子騒兵衛の漫画『忍たま乱太郎』シリーズで、一年は組の担任を務めている二人の先生とは、誰と誰？

297 化粧品を入れておく箱型のハンドバッグを、「虚栄心」を意味する言葉から何という？

298 近年、一般の人にはめったに食べる機会のない、いわゆるレア物グルメが人気を集めていますが、特に「ミリメシ」といったらどんな食事のこと？

299 ドラムセットにおいてはバスドラムの上に取り付けられることが多い、スナッピーの張られていない中型のドラムは何？

300 医療業界の用語で「テーベー」とは、どのような病気を表す俗称？

301 アーヴィング・フィッシャーら新古典派の経済学者による主張で有名な、「流通している貨幣の量は物価水準に比例する」という学説は何？

302 鯖や鮭などを塩漬けにした葉っぱにくるんで作る奈良県名産の押し寿司のことを、使われる植物から何という？

303 「単純な仕事」を意味する英単語にもなっている、室内でウォーキングやランニングができるトレーニングマシンを何という？

Answer

295 【『火宅の人』】

296 【山田先生と土井先生（山田伝蔵と土井半助）】

297 【ヴァニティバッグ（ヴァニティケース）】

298 【戦闘糧食（レーション、軍隊食）】

299 【タム（トムトム）】

300 【結核】

301 【貨幣数量説】

302 【柿の葉寿司】

303 【トレッドミル】

304
漢文を訓読した際などに出てくる、「もうおしまいだ」「今となってはどうしようもない」という意味の、ひらがな六文字の言葉は何？

305
ビッグシェル占拠事件、ザンジバーランド騒乱、シャドーモセス島事件といえば、全てどんなゲームシリーズで登場した事件？

306
ドイツの地質学者エルンスト・カルコウスキーが命名した、藍藻類の死骸と泥が層化してできる岩状の塊で、西オーストラリアにあるシャーク湾などに現生していることで有名なのは何？

307
横糸一本に対し細い縦糸二本を織っていくことで作られる上等な織物のことで、柔らかくきめの細かい団子や餅にその名が用いられているのは何？

308
「平面図形の回転体の体積は、元の平面図形の面積とその重心が描く円周の長さとの積に等しい」という幾何学の定理を、それを独立に発見した二人の数学者の名前から何という？

309
国から地方への補助金の内、国庫負担金などのように使途が国によって限定されているものを、引き換えとなる条件が付いていることを指す慣用表現から何という？

310
女優のオードリー・ヘップバーンのお気に入りであり、彼女が「自分以外使用禁止」と言ったことから「禁止」を意味する名前がついた、ジバンシィの代表的な香水は何？

【やんぬるかな】

【『メタルギア』シリーズ（『メタルギアソリッド』）】

【ストロマトライト】

【羽二重】

【パップス＝ギュルダンの定理】

【ひも付き補助金】

【ランテルディ】

311
ガスの力で射出したアンカー付きワイヤーを巧みに扱うことで素早い空中移動を可能とする、漫画『進撃の巨人』で兵士が腰回りに装着している武器は何？

312
国立西洋美術館には彼の『石化した森』という大作が飾られている、フロッタージュやデカルコマニーなどの技法を用いたシュルレアリスムの代表的画家は誰？

313
旧東海道の小田原から三島までの間を表した言葉で、鳥居忱《まこと》作詞、滝廉太郎作曲の唱歌にもその名が冠されているのは何？

314
かつてインドで多羅葉《たらよう》の葉に経文を記しており、それを止めておく糸がなくなった状態を指していた、けじめがなくだらしのないさまを指す言葉は何？

315
オリエント急行の車内で使われていた「オリエントエクスプレス」や、古くから親しまれる定番の「ベッキオホワイト」などのラインナップで知られる、イタリア最大の陶磁器メーカーはどこ？

316
美人の条件の一つと言われる、髪の生え際の中央を頂点として、綺麗に左右に広がっている額のことを、その形をある山にみたてて何という？

317
室生犀星《むろうさいせい》の小説『あにいもうと』で、主人公である兄と妹の苗字は何？

Answer

311【立体機動装置】

312【マックス・エルンスト】

313【箱根八里】

314【ふしだら】

315【リチャードジノリ】

316【富士額】

317【赤座】

318
『25の旋律的で斬新なエチュード』『ギターのための完全な方法』などクラシックギターの定番教則本を記した、十九世紀に活躍したイタリア出身のギター奏者は誰？
【マッテオ・カルカッシ】

319
金閣寺放火事件や光クラブ事件が例として挙げられる、戦前の価値観が崩壊した時代に起こった犯罪のことを、戦後を意味するフランス語から何という？
【アプレゲール犯罪】

320
漢字では「続く飯」と書く、炊いた米粒をすりつぶして作る糊を何という？
【そくい】

321
Pingフラッド攻撃やF5アタックに代表される、標的となるサイトやサーバに高い負荷を与え機能を停止させる攻撃のことを、「Denial of Service」の略で何という？
【DoS攻撃】

322
元々はカナダの木こりの間で行われていたことから木こりを意味する名前がついた、プロレスで、リングの周りを他のレスラーが取り囲み、リングアウトした選手をすぐさまリングに押し戻すデスマッチを何という？
【ランバージャック
デスマッチ】

323
科学で、生体が化学物質や電磁波、病原菌など問題となる何らかの因子にさらされることを、漢字二文字で何という？
【曝露】

324
一八九一年に発見したドイツ人にその名をちなむ、和名をアフリカスミレというイワタバコ科の花は何？
【セントポーリア】

325 北条時頼・時宗に仕えた鎌倉後期の武将で、滑川《なめりがわ》に落とした十文を五〇文の松明を使って探したエピソードで有名なのは誰？

326 町の皆から嫌われていた男の葬式をあげようとする顛末を描いた上方落語の代表的演目の一つで、そのタイトルにはのそっとして図体が大きい男をある動物に例えて揶揄した言葉が使われているのは何？

327 薬をはかる天秤と「薬」という漢字を組み合わせた企業ロゴを使用している、特に化粧品の「ドモホルンリンクル」で知られる製薬会社はどこ？

328 その度を過ぎた酒好きは近鉄などで活躍した永淵洋三がモデルとされる、水島新司の漫画『あぶさん』の主人公である野球選手は誰？

329 昔の人はよくコレが悪いことが原因で死んでしまっていた、出産した女性が、出産前までの健康な状態を取り戻すことやその回復の経過を指す言葉は何？

330 ヴィルヘルム・ディルタイによって命名された、『魔の山』や『青い花』など、主人公の内面的成長を描いたドイツ系文学のことを何という？

331 ネックレスやティアラ、指輪などのアイテムを一揃いにしたジュエリーセットのことを、古いフランス語で「装飾」を意味する言葉で何という？

Answer

325 【青砥藤綱《あおとふじつな》】

326 【らくだ】

327 【再春館製薬所】

328 【景浦安武《かげうらやすたけ》】

329 【産後の肥立ち】

330 【教養小説（ビルドゥングスロマン）】

331 【パリュール】

332
ＦＸや仮想通貨取引において、損益が一定以上になった場合、強制的に決済がなされることを何という？
【ロスカット】

333
侵食を受けた崖や地上に出た断層などがこれに当たる、地質学において地層が見える場所のことを漢字二文字で何という？
【露頭】

334
金箔や銀箔をさらに細かく粉にしたもので、童謡『たなばたさま』の歌詞にも登場するのは何？
【砂子《すなご》】

335
大阪商工会議所や大阪造幣局の設立に携わった薩摩藩出身の人物で、連続テレビ小説『あさが来た』ではディーン・フジオカがこの役を演じ人気を博したのは誰？
【五代友厚】

336
メディトイ・コムが発売している、多様な素材やプリントデザインが人気のクマの形をしたブロック型フィギュアシリーズは何？
【ベアブリック(BE@RBRICK)】

337
繁殖期のオスは下半分が赤い色をしたもの全般に攻撃を加えるという本能行動を持ち、これを研究したニコ・ティンバーゲンがノーベル生理学・医学賞を受賞したことでも知られる魚は何？
【イトヨ】

338
一九二〇年に日本初のプロ野球チームとされる日本運動協会を立ち上げた、東京日日新聞の記者時代に都市対抗野球大会を設立し、現在でもその最優秀選手賞に名前を残すのは誰？
【橋戸信《しん》】

339
神社において、宮司の補佐をする、宮司の一つ下の位を何という？
【禰宜《ねぎ》】

340 長い間の努力が、最後のわずかな過ちにより失敗に終わることを、「何の功を一簣《いっき》に虧《か》く」という?

341 懐中時計の風防ガラスと製法が同じであることからその呼び名がついた、化学の実験でビーカーにフタをする時などに使われる、平たいガラスの皿を何という?

342 歌舞伎『仮名手本忠臣蔵』の四段目のことを、演出上客の出入りを禁止することから通称何という?

343 そのタイトルは元ブラジル代表のディフェンダーではなく、沖縄の方言で「いい知らせ」を意味する言葉である、二〇〇五年に第一回日本ラブストーリー大賞を受賞した原田マハのデビュー作は何?

344 薬学において、ある微生物に対して薬剤が無効であることを耐性というのに対し、有効であることを何という?

345 世界でも数人しか理解できていないと言われる「宇宙際タイヒミューラー理論」を考案し、それを元にabc予想の証明に成功した、京都大学の数学者は誰?

346 当初は『イギリスプロサッカー』というタイトルであり、故・岡野俊一郎が解説者として名を馳せた番組である、一九六八年から東京12チャンネルで放送されていた日本のサッカー番組の草分け的存在は何?

Answer

340【九仞《きゅうじん》の功を一簣に虧く】

341【時計皿】

342【通さん場】

343【『カフーを待ちわびて』】

344【感受性(susceptibility)】

345【望月新一】

346【『三菱ダイヤモンド・サッカー』】

347 イディッシュ語では「ヤルムルケ」とも呼ばれる、ユダヤ教徒の男性が被る、お皿のような帽子を何という？

348 非常に苦心して詩や文などを練り上げることを、心と骨という漢字を使った四字熟語で何という？

349 株主総会において意見を通そうとする複数の集団が議決権を得るために行う多数派工作のことを、委任状闘争という意味の英語で何という？

350 別名をメジカ節という、そばつゆなどに使われる味の濃い鰹節のことを、使われる魚の名前から何という？

351 『囲碁殺人事件』『将棋殺人事件』『トランプ殺人事件』のゲーム三部作や、デビュー作『匣の中の失楽』などのメタミステリー作品で知られる推理作家は誰？

352 安全地帯の『好きさ』、村下孝蔵の『陽だまり』、斉藤由貴の『悲しみよこんにちは』といえば、何というアニメで用いられたオープニング曲？

353 旧国鉄などに見られた、日本政府が最終的に保証してくれることを前提とした放漫な体制のことを、日本の国旗の名前を使った呼び方で何という？

【キッパ】

【彫《ちょう》心《しん》鏤《る》骨《こつ》】

【プロキシーファイト】

【宗田節】

【竹本健《けん》治《じ》】

【『めぞん一刻』】

【親方日の丸】

354 パプアニューギニアのオロ州ポポンデッタ周辺のみに生息する、世界最大の大きさを持つ蝶は何？

355 歯車の中でも、二つの歯車の間にいれて回転を伝える役割のものを何という？

356 ヨーロッパの国のうち「コーカサス三国」と呼ばれる三つの国は、アゼルバイジャン、ジョージアとどこ？

357 昔からの言い回しで、子供がたくさんいることを「十《とお》を頭に何人」という？

358 一九七二年、それまで「セイロン」と呼ばれていたスリランカを現在の国名に改めた、当時の首相は誰？

359 全部で六四種類が存在し、その並び順によってアミノ酸の結合順序が決定される伝令RNA上の三個一組の塩基配列のことを何という？

360 剃髪し、法衣および法名を授かったあと、戒師より守るべき戒めを受ける、仏教において行われる僧侶になるための儀式のことを何という？

361 二〇一九年までに発売された嵐のシングルA面曲のうち、唯一漢字の「嵐」という字がタイトルに含まれるのは何？

362 リオ五輪でも金メダルと銀メダルを分け合った「ブラウンリー兄弟」が活躍しているスポーツは何？

Answer

354 【アレキサンドラトリバネアゲハ】

355 【遊び歯車（アイドルギア）】

356 【アルメニア】

357 【十一人】

358 【シリマヴォ・バンダラナイケ】

359 【コドン】

360 【得度式《とくどしき》】

361 【『感謝カンゲキ雨嵐』】

362 【男子トライアスロン】

363 高校生カテゴリーでは珍しい四五分ハーフで試合が行われることが特徴である、高校サッカー、クラブユースでの三冠タイトルに共通して数えられている日本のサッカー大会は何？

364 一人につき四体ずつの「良いおばけ」と「悪いおばけ」を盤上で動かしながら心理戦を行う、アレックス・ランドルフによってドイツで生まれた人気ボードゲームは何？

365 かなりの肥満体であったため、死後へそに灯心をさしたところ火が何日も燃え続けたという、後漢末期の動乱に乗じて政権を奪取するも専政を行い、養子であった呂布によって殺された政治家は誰？

366 通常、安価な製品や使い切りの製品に対しては行われない、製造された全ての製品について等しく行う検査のことを、抜き取り検査に対して何という？

367 赤羽のまるます家、荻窪の安斎《あんざい》、池袋のかぶとといえば、都内にあるどんな美味しいもののお店？

368 画塾を経営する主人公とそこに通う大田太郎との交流を描く中で権威主義的な考え方を批判している、開高健の芥川賞受賞作は何？

369 普通、玄武の玄に人と書けば「くろうと」と読みますが、麻雀漫画『哲也』では同じ字を書いて何と読ませる？

【高円宮杯（U-18サッカーリーグ）】

【ガイスター】

【董卓仲穎《とうたくちゅうえい》】

【全数検査】

【うなぎ】

【『裸の王様』】

【バイニン】

370 網膜の中心部に多く分布する、生物が色を認識するために用いる視細胞の一つを、その形から何という？

371 定番商品であるプログラミング言語関連のテキストは、リアルな動物版画の表紙で知られている、アメリカにあるメディア企業は何？

372 足利幕府の、初代将軍は足利尊氏ですが、二代将軍は誰？

373 現在中山競馬場で行われているＪＲＡ平地ＧⅠレースとは、有馬記念、皐月賞、スプリンターズステークスと何？

374 日本の中央省庁の外局で唯一、「庁令」を出すことができるのはどこ？

375 乃士勇造、出川実、多木康は「ラーメン」、ガボル・ゲルゲリー、ティボル・クランパ、イストヴァン・ヨニエルは「ハンガリー卓球」といえば、その後ろにつく彼らを総称する呼び名は何？

376 テニスで、セット中一つもゲームを取れずにセットを落とすことを、ゼロをある食べ物にみたてて何という？

377 「だいご」という名前の有名人で、歌手のＤＡＩＧＯの苗字は内藤ですが、お笑いコンビ・千鳥の大悟の苗字は何？

378 新アカデメイアを設立し、アカデメイア後期の学頭としてストア派と激しく対立した、緊急避難の例としてしばしば挙げられる板の話にその名を残すギリシャの哲学者は誰？

Answer

【錐体細胞（cone cell）】

【オライリー・メディア】

【足利義詮《よしあきら》】

【ホープフルステークス】

【海上保安庁】

【三銃士】

【ベーグル】

【山本】

【カルネアデス】

379 松本清張の小説『点と線』で、東京駅の十三番ホームから十五番ホームが見える時間は何分だけだと書かれている？

380 アメリカのいわゆるアイビー・リーグの内、ピューリッツァー賞を選考するジャーナリズム大学院がある大学はどこ？

381 細く美しい弧を描いた眉のことを、それがある昆虫の触角に似ていることから何という？

382 創業から明治中期までは橘屋吉兵衛《たちばなやきちべえ》の屋号を掲げていた、贈答品としても人気の陶磁器販売で知られる会社は何？

383 カタルーニャ広場からコロンブス像まで伸びている、スペイン・バルセロナの有名な目抜き通りは何？

384 病院などで、患者の体を拭いて綺麗にすることを、漢字二文字で何という？

385 古典の『竹取物語』で、「竹取の翁」と呼ばれかぐや姫を見つけた老人の名前は何？

386 ある定理を証明するために必要な付随的な定理のことで、英語では「lemma」と呼ばれるものを漢字二文字で何という？

387 流線型やたまご型など極端にデフォルメされた全十六の連作彫刻『空間の鳥』で知られる、ルーマニア出身の現代芸術家は誰？

379【四分】

380【コロンビア大学】

381【蛾眉《がび》】

382【たち吉】

383【ランブラス通り】

384【清拭《せいしき》】

385【讃岐の造（さるきのみやつこ、さかきのみやつこ）】

386【補題】

387【コンスタンティン・ブランクーシ】

388 絹が裂ける音を好んだため、音を聞かせるためだけに国中の絹を浪費したという、中国・夏王朝の桀《けつ》王の妃《きさき》で、その乱倫ぶりが夏の滅亡の原因となったのは誰？

389 紅茶のクオリティシーズンの中でも最も出来が良く産地ごとの特徴が表れるとされる夏摘みの茶葉のことを、それがその年の二回目の収穫期に当たることから何という？

390 ビーカーの中で極低温に冷やし壁をよじ登らせる実験などによってその様子が観察できる、液体ヘリウムを冷やすことでその粘性が消失した状態を何という？

391 ハイレベルな問題ばかりを集めた『新数学演習』という問題集や、「日日《にちにち》の演習」などのコーナーが人気の雑誌『大学への数学』シリーズで知られる出版社はどこ？

392 特に八番ピンで起きた場合は「ジャストエイト」と呼ばれる、ボウリングで、ボールがポケットに入りながらもピンが一本残ってしまうことを何という？

393 山本耕史・堀北真希夫妻と、山崎育三郎・安倍なつみ夫妻の結婚のきっかけとなった、それぞれの二人が共演した共通の舞台は何？

394 統計学における仮説検定を行う時に立てる、本来期待している結果の否定となる仮説を何という？

Answer

388【末喜（ばっき、まっき）】

389【セカンドフラッシュ】

390【超流動】

391【東京出版】

392【タップ】

393【『嵐が丘』】

394【帰無仮説(null hypothesis)】

395
女子栄養大学所属時の卒業研究として現在のスタイルを編み出した、歌詞が様々な料理のレシピになっている楽曲で知られる女性ヒップホップMCは誰？

396
一八〇四年、自ら開発したペナダレン号により世界初の蒸気機関車の利用に成功し、後にこれを改良し実用化したスチーブンソンと共に蒸気機関車の発明者とされるのは誰？

397
イトーヨーカドーやアリオのフードコート内を中心に出店しているファストフードショップで、特にメニューの一つであるメガポテトが量たっぷりで人気だったのは何？

398
Adobe Illustrator ではペンツールを使うことで描ける、考案者であるルノーの社員にその名をちなむ、コンピュータ上で描画できるなめらかな曲線のことを何という？

399
岐阜県のとある村で密かに信仰され続けている神様という設定の、お笑いコンビ「流れ星」のネタに登場する、ある関節を司る神様は誰？

400
正式には「反切表《パンジョルピョ》」と呼ばれる、日本語のあいうえお表に相当する韓国のハングル表を、最初の四文字から何という？

401
農民や労働者を助けることで国力を上げることを目指す、孫文が一九二四年に「連ソ」「容共」と共に新三民主義として掲げたスローガンは何？

【DJみそしるとMCごはん】

【リチャード・トレビシック】

【ポッポ】
※二〇一九年十月より「メガポテト」はメニューから外れています。

【ベジェ曲線】

【肘神様】

【カナタラ表（カナダラ表）】

【扶助工農《ふじょこうのう》】

402
プロ野球選手で、田中浩康、谷佳知、伊良部秀輝に共通する出身高校はどこ？

403
横浜にある氷川丸では、白地に赤線二本という日本郵船を表すものが施されている、船の煙突部分に施し、その船の所属を示すペインティングを何という？

404
二〇〇九年に膵臓がんで急逝した、二〇〇五年に講談社絵本新人賞を受賞した『おもちのきもち』や、代表作『だるまさん』シリーズで知られる絵本作家は誰？

405
皇室などが所有して立ち入りを禁じた野原のことで、百人一首に選ばれた額田王の和歌にも詠まれているのは何？

406
バイオレット・イーストンという筆名でも活動していたことのあるイギリスの絵本作家で、代表作『ぞうのエルマー』シリーズで知られるのは誰？

407
全国高校サッカー選手権の東京都決勝をはじめ、多くのアマチュアサッカーの試合が開かれている、東京都北区の国立スポーツ科学センターにあるサッカーフィールドは何？

408
「映画の父」D・W・グリフィスが大掛かりな撮影で用いたため、その映画のタイトルから呼び名が定着した、コンサート会場や撮影現場などで見かける組み立て式の足場を何という？

Answer

402 【尽誠《じんせい》学園】

403 【ファンネルマーク】

404 【かがくいひろし】

405 【標野《しめの》】

406 【デビッド・マッキー】

407 【国立西が丘サッカー場（味の素フィールド西が丘）】

408 【イントレ】

409 左右に垂らしたものをそれぞれねじり、更にそれらを編み合わせるストールの巻き方を、それをよくしている芸能人から俗に何という？

【中尾巻き】

410 テキサスホールデムなどのフロップポーカーで用意される、参加者全員がハンドとして使える公開カードのことを何という？

【コミュニティカード】

411 一八七二年に裏千家の玄《げん》々《げん》斎《さい》精《せい》中《ちゅう》が初めて開催した、椅子に腰掛けて行う茶会のことを何という？

【立《りゅう》礼《れい》式《しき》】

412 フランス語で「小さな窯」という意味がある、ビュッフェなどでよく出される小さいサイズのデザートを何という？

【プチフール】

413 一八八六年まで北海道地方を構成していた三つの県とは、函館県、札幌県と何？

【根室県】

414 スキージャンプにおいて、カンテの手前で行うジャンプ直前の踏切動作を何という？

【サッツ】

415 とうもろこしを主食とする地域で起こりやすい、ナイアシンの欠乏によって発疹をはじめとする様々な症状が出る病気を、イタリア語で「皮膚の痛み」という意味の言葉から何という？

【ペラグラ】

416 第一次大戦で活躍したドイツのパイロットの名が付けられている、一八〇度ループと一八〇度ロールを行うことで縦方向にUターンする航空機の操縦技術を何という？

【インメルマンターン】

417
浄土真宗で、仏壇に供えるご飯をきれいに盛るために用いられる専用の型のことを何という？

418
江戸時代の俳人・大島蓼《りょう》太《た》の俳句に由来する言い回しで、世間の移ろいの早さを花に例えて謳っているのは何？

419
台北帝国大学で助教授を務めていた一九三六年、タイワンヒノキからヒノキチオールを発見した日本の科学者は誰？

420
ボン・ジョヴィの『It's My Life』に合わせて自らの肉体を披露しつつ調味料を料理に加える、なかやまきんに君のネタに登場する筋肉料理研究家の名前は何？

421
結晶中に強く繋ぎ止められた原子核から放出されたガンマ線が、エネルギーを失うことなく他の原子核に共鳴吸収されるという現象を、これを発見したドイツの物理学者の名前から何という？

422
ファーレンハイトやショーペンハウアーの出身地としても知られるポーランド・ポモージェ県の県都で、かつては「ダンツィヒ」と呼ばれていたのはどこ？

423
三陸鉄道が行っているものなどが有名な、交通機関の運営において、運行や運営の主体とインフラ整備の主体を独立させる方法を何という？

Answer

417 【盛槽《もっそう》】
418 【世の中は三日見ぬ間の桜哉】
419 【野《の》副《ぞえ》鉄男】
420 【マグマ中山】
421 【メスバウアー効果】
422 【グダニスク】
423 【上下分離方式】

424
「ある牛飼いが物語る」と始まり、「おや、川に入っちゃいけないったら」と結ぶ、宮沢賢治の童話は何？
【『オツベルと象』】

425
自分の良心が痛むのを考えないようにしつつ悪事に当たることを、「耳を掩《おお》いて何を盗む」という？
【鐘】

426
かつて、フォーリンラブのバービーとイモトアヤコが組んでいたお笑いコンビの名前は何？
【東京ホルモン娘】

427
一月にはふんどし姿で御札を奪い合う「どやどや」が行われる、聖徳太子により建立され日本最古の本格的な仏教寺院とも呼ばれる大阪府のお寺は何？
【四天王寺】

428
仲人を務めた結婚式で新郎の反体制活動歴を意気揚々と紹介する冒頭のシーンも印象的な、ニューギニア島からの撤退時に起こった下級兵殺害事件を追う奥崎謙三を記録した原一男のドキュメンタリーは何？
【『ゆきゆきて、神軍』】

429
ゴールキーパーの実績を表す指標としても使われており、Jリーグでは楢崎正剛が最多記録を持つ、サッカーで、失点無しで試合を終えることを、得点者を記録する必要がないことから何という？
【クリーンシート】

430
かつて芝居小屋で客席に敷かれていた小さめの敷物のことで、他人の発言にからかい半分で言葉を挟むことを「これを入れる」というのは何？
【半畳】

431
雨や涙がとめどなく落ちていくさまを、さんずいの漢字二つを使った熟語で何という？

432
物理学において、ある主要な運動が、他の副次的な力によって乱されることを、漢字二文字で何という？

433
つかこうへいがこの演出法を多用していた、稽古の過程で脚本を次々に改変し、その場で浮かんだセリフを口頭で役者に伝えて暗記させることで演劇を組み立てる手法を何という？

434
ダイダロスとイカロスを塔に幽閉したり、妻の生んだ子ミノタウロスを迷宮に閉じ込めたりした、ギリシャ神話に登場するクレタ島の王は誰？

435
第一次大戦期のドイツで一九一六年から一年間発生した大飢饉のことを、ある野菜ばかりを食べて耐えしのいだことから「何の冬」という？

436
考案者であるフランス人シェフ、ルイ・ディアの出身地にちなんで名付けられた、じゃがいもを用いた冷製スープのことを何という？

437
丸の中に三角が描かれたシンボルマークは「レコードと針」を表している、「オーテク」と略されることも多い日本の音響機器メーカーはどこ？

438
中国では忌み嫌われており、成長した雛が親を食べるという言い伝えから「母喰い鳥」と呼ばれる鳥は何？

Answer

431【滂沱《ぼうだ》】

432【摂動】

433【口立て】

434【ミノス王】

435【かぶらの冬（ルタバガの冬）】

436【ヴィシソワーズ】

437【オーディオテクニカ】

438【ふくろう】

439
「土下座ストラップ」「くいとめるニャー」「コップのフチ子」などのカプセルトイで知られる玩具メーカーはどこ？

440
セブンイレブンやファミリーマートのレジ横で売られているフライドチキンの鶏肉は、その多くがどこの国で生産されたもの？

441
マーケティングコンサルタントであるダン・ケネディが提唱した「経営者が業績よりも部下に好かれることを求めてしまう」症状のことを、アーサー・ミラーの戯曲『セールスマンの死』の主人公から何症候群という？

442
日光の輪王寺において、産道をまっすぐに出られるように、という意味を込めて、安産祈願のお守りとなっている将棋の駒の一つは何？

443
GMは小島克典、監督はトーマス・オマリーになる予定だった、二〇〇四年にライブドアが立ち上げを構想するも失敗に終わったプロ野球球団は何？

444
囲碁のことを、唐の伝奇小説集『玄怪録』の中の、巨大なある植物の実の中で老人が囲碁を打っていたというエピソードから、「何の楽しみ」という？

445
ヘロドトスが「旅人よ、行きて伝えよ、ラケダイモンの人に。我ら、かの言葉に従いてここに伏すと」と綴ったのは、どのような戦いについて？

439【奇譚クラブ】

440【タイ】

441【ウィリー・ローマン症候群】

442【香車】

443【ライブドアフェニックス】

444【橘中《きっちゅう》の楽しみ】

445【テルモピレーの戦い】

446
ソクラテスのゴールが決まった瞬間へーゲルが審判である孔子に「現実は非自然的倫理のアプリオリな付属物に過ぎない」と抗議するも判定は覆らず、ギリシャがドイツに一－〇で勝利する、モンティ・パイソンの代表的なスケッチ・コメディーは何？

【『哲学者サッカー』】

447
日本の税制において度々問題視されてきた、給与所得者、自営業者、第一次産業従事者の所得捕捉率がそれぞれ約十割、五割、三割と不公平な状態にあることを、これらの数字をまとめて読んで何という？

【トーゴーサン】

448
泡盛を囲んで車座になり、一つの杯で酒を回し飲みする、宮古島の伝統的な宴会法を何という？

【オトーリ】

449
賞の創設に際し寄付を行った東亜燃料工業の元社長にその名を由来する、毎年四五歳未満の優秀な経済学者に与えられる、日本の経済学会最高の賞は何？

【中原賞】

450
サイコロゲームのヤッツィーで使うサイコロの数は、八つではなくいくつ？

【五つ】

451
元々は死者の魂がさめざめと泣くさまをいった四字熟語で、転じてそのように恐ろしい戦場や気配を指すようになったのは何？

【鬼《き》哭《こく》啾《しゅう》々《しゅう》】

452
新城幸也がこのタイプの選手として知られている、自転車ロードレースにおいて、短いアップダウンで勝負を仕掛けるタイプの選手を、その勢いから何という？

【パンチャー】

Answer

453
犯罪と放浪に明け暮れた自らの前半生をフィクションを交えて語った自叙伝『泥棒日記』で知られる、サルトルらと並び称されるフランスの作家は誰？
【ジャン・ジュネ】

454
庄内地方を中心に東北でよく食べられている、もち米をある植物の葉で包んで煮た、ちまきに似た料理は何？
【笹巻き】

455
フットサルにおいて、ハーフ内でチーム六つ目以降のファールを犯した時に相手に与えられる、壁無しでのフリーキックのことを通称何と呼ぶ？
【第2PK】

456
戦前の記念日で、天皇の誕生日を天長節といいましたが、皇后の誕生日を何といった？
【地久節《ちきゅうせつ》】

457
そのイメージと異なるところでは、陳建民や道場六三郎など料理人も過去に表彰対象となっている、極めて優れた技術を有する模範的な人物に対して厚生労働省が行う表彰は何？
【現代の名工（卓越した技術者）】

458
元々はフランス語で小鳥のさえずりを意味していた擬声語であり、現在では英語で「訳の分からない業界用語」や「隠語」を指して使われる単語は何？
【ジャーゴン】

459
天然記念物でもあるレンゲツツジの群落や、西堀栄三郎がこの地で『雪山讃歌』を作ったことでも知られる、群馬県にある温泉地は何？
【鹿沢《かざわ》温泉】

460
寒い日の朝、陸から吹く冷たい風に海面の水蒸気が触れて起こる霧のことを、北海道の方言に由来する言葉で何という？

461
スペイン語で「ズル休み」という意味がある、サッカーで蹴り足を軸足の外側にまわして蹴るキックのことを何という？

462
スペイン語で「行く」という意味がある、ブラインドサッカーにおいて、ボールを持っている選手に向かっていく際に発しなければならない声は何？

463
荒唐無稽な夢の中で天皇一家が処刑されるという内容の、一九六〇年に発表された深沢七郎の小説で、これをうけて中央公論社社長夫人が刺される嶋中事件が起こり、言論抑圧にまで発展したのは何？

464
弟のイーライも二度のスーパーボウルＭＶＰを獲得している、ＮＦＬのＭＶＰを五度も獲得し「史上最高のクォーターバック」とも称されたアメフト選手は誰？

465
正反対であることをいった慣用句で、「月と」といえば「すっぽん」ですが、「雪と」といえばあとに来る言葉は何？

466
生物学において、ゲノム上の位置を移動できる遺伝子のことで、一九四〇年代にトウモロコシの研究を通じてバーバラ・マクリントックが発見し、彼女のノーベル生理学・医学賞受賞の主な理由となったのは何？

Answer

460 【けあらし】
461 【ラボーナキック】
462 【ボイ】
463 【『風流夢譚』】
464 【ペイトン・マニング】
465 【墨】
466 【トランスポゾン】

467
本名チェンニ・ディ・ペーポというが「雄牛の頭」を意味する名前で呼ばれている、ジオットの師匠を務めたことや、ルネサンス黎明期を代表する名画「聖母と天使たち」で有名なイタリアの画家は誰？

468
ボードゲーム界隈でよく使われる言葉「インスト」とは、平たく言うとどのようなことを指している？

469
若い女性の年齢のことを、「かぐわしい年齢」を意味する熟語で何という？

470
メリメ原作のオペラ『カルメン』で、カルメンが働いているのはどんなものを作る工場？

471
ゲーム『ドラゴンクエストⅥ　幻の大地』で海底宝物庫に出現する、上位武器の入った宝箱を守る番人で、高い攻撃力から繰り出す二回攻撃により多くのプレイヤーを全滅に追い込んだことで悪名高いモンスターは何？

472
スタインベックの小説『怒りの葡萄』では主人公たちが移住を迫られる原因となっている、耕作放棄地の増加により一九三〇年代のアメリカ中部で発生した、度重なる砂嵐のことを何という？

473
出演する芸人には漢字五文字の二つ名が与えられ、「胃拡張軍団」と「腸捻転軍団」に分けられていた、かつてテレビ朝日で放送されていた、深夜バラエティ番組は何？

【チマブーエ】

【ルール説明】

【芳紀《ほうき》】

【タバコ】

【キラーマジンガ】

【ダストボウル】

【『完売劇場』】

474 神道ではこの先端にピラミッド状の頭を付ける、墓石の内、家の名前などが刻まれる大きな直方体の石を何という？

475 勢いが盛り上がって見事に終わることを、しっぽをふるという意味の二字熟語を使って「何を飾る」という？

476 第二次大戦中は複雑な言語体系を活かして暗号通信兵「コードトーカー」として日本軍を混乱させた、現在はアメリカ西部の「フォーコーナーズ」一帯にアメリカ最大の保留地を設けて暮らしているネイティブアメリカンの部族は何？

477 元柔道家・内柴正人の裁判時にもニュースになった、一度国から与えられた勲章を強制的に返還させられることを、漢字二文字で何という？

478 政治犯として拘禁されていた際にはトイレットペーパーに代表作『十字架の上の悪魔』を書いたという、母語のキクユ語を用いた小説が世界的注目を集めるケニアの作家は誰？

479 日本プロ野球において一九四七年から七五年まで採用されていた、実働期間十年を超えた選手に移籍の権利を与える制度で、後のフリーエージェント制の元となったのは何？

480 女性が華やかに着飾ることを、二種類の果物の名前を取って何の粧《よそお》いという？

Answer

【竿石】

【掉尾《ちょうび》を飾る】

【ナバホ族】

【褫奪《ちだつ》】

【グギ・ワ・ジオンゴ】

【10年選手制度】

【桃李の粧い】

481
ギルバート・ルイスやアーヴィング・ラングミュアらが提唱した、典型元素の最外殻電子は八個あると安定するという経験則は何？

【オクテット則】

482
五フッ化アンチモンとフルオロ硫酸の混合でできる酸の一つで、開発者のジョージ・オラーの研究室のクリスマスパーティーにおいて、使い残しのロウソクを魔法のように溶かすことができたことから名付けられたのは何？

【マジック酸】

483
英語の慣用句で「ヘロストラトスの名声」といえば、どんなことを指して使われる？

【手段を選ばずに名声を得ること】

484
アメリカ大統領の中で唯一、独立記念日である七月四日生まれなのは誰？

【カルビン・クーリッジ】

485
賑やかな都会であっても、古い文化があったり、未開の場所があったりすることを言ったことわざで、上方いろはがるたの「京」の札に選ばれているのは何？

【京に田舎あり】

486
二〇〇ポンドを得る代償として死んだ息子を生き返らせようとしたものの、結局はまた墓に戻すという内容の、イギリスの小説家W・W・ジェイコブズが書いた有名な怪奇小説は何？

【『猿の手』】

487
主人公の息子を描いた続編「只野凡児」も映画化されるなどヒットを記録した、日本の新聞四コマ漫画の先駆けである麻生豊の作品は何？

【『ノンキナトウサン』】

488
英語でのタイトルを『The Missing Piece』という、パックマンに似た主人公が自分に欠けているかけらを探すという内容の、シェル・シルヴァスタインの絵本は何？

489
律令制以前には天皇の妾としての役割も担っていた、古代日本において皇族の身辺の世話を行った女性を何という？

490
ドラム式乾燥機などで行われる、回転させながら温風を当てることで衣服を乾燥させる仕組みを何という？

491
一九九二年に聖マリアンナ医科大学での研究により報告された、正式名称を「ソフトドリンクケトアシドーシス」と呼ばれる急性の糖尿病のことを、スポーツドリンクなどの大量摂取により起こることから何という？

492
一般的には「カランコエ」として知られるベンケイソウ科の多肉植物の別名で、葉っぱの先からたくさんの子株が出てくることからこう呼ばれるのは何？

493
創業当初は株式会社レジャー通信社として観光名所の紹介記事を載せた新聞を発行していた、現在は『日本タレント名鑑』の発行で知られる企業は何？

494
細菌の付着を防ぐ目的で、超音波診断装置や電子体温計に被せるカバーのことを英語で何という？

Answer

【『ぼくを探しに』】

【采女《うねめ》】

【タンブル乾燥（タンブラー乾燥）】

【ペットボトル症候群】

【子宝草】

【VIPタイムズ社】

【プローブカバー】

495
北野武監督の映画『アウトレイジ』シリーズで、たけしが演じる武闘派ヤクザの名字は何？

496
愛称を「名馬名手の里　ドリームスタジアム」としている通り、名騎手安藤勝己や「平成の怪物」オグリキャップなどを輩出した、岐阜県にある競馬場は何？

497
二十世紀にパリなどで流行した黒人による二拍子の軽快なダンスで、フローレンス・アプトンの絵本に出てくるキャラクターがこれを踊る様子をイメージした曲が、ドビュッシーの『子供の領分』の最終曲となっているのは何？

498
後年には松井須磨子の歌唱シーンを用いた日本最初期のトーキー『カチューシャの唄』に技術協力している、二十世紀初頭に六年間エジソンの助手として働き、エジソンのもとに仕えた唯一の日本人であったのは誰？

499
中腹にはオーストリア大使館がある東京都・麻布にある坂で、そこに出没するという妖怪の伝説を歌ったロックバンド・はっぴいえんどの曲でも有名なのはどこ？

500
日本評論社の『経済往来』に一九三三年から三四年にかけて掲載された、西洋と日本の部屋の明るさを対比しながら日本的美学を賛美する、谷崎潤一郎の代表的随筆は何？

【大友】

【笠松競馬場】

【ケークウォーク】

【岡部芳郎《よしろう》】

【暗闇坂（暗がり坂）】

【『陰翳礼讃』】

あとがき

ここまでお読みくださりありがとうございました。

この本と前作でもって、僕の中高時代のクイズについては一通り語り終えた、ということになります。

前作を出版したのが二〇一五年ですから、実に四年半もの時間が経ってしまったんですね……長くお待たせしてしまいすみません。実は原稿自体は前作出版の段階で書き終わっていたのですが、その後に何度も何度も修正したり、事実確認を重ねていたり……とワチャワチャしていて時間が経ってしまいました。

前書きにも書きましたが、時間がかかった要因のひとつとして、僕自身の成長を待たねばならなかった点が挙げられます。高二〜高三のころのクイズは悩みばかりが重なり、正直言って人にはあまり見せたくないような、内面の嫌な部分が大きく関わってくるゾーンでした。いざ文字に起こしてみても、自分を守ってしまったり、他人を不必要に貶してしまったり……とストレートに表現することができなかったのです。

今回、ようやくある程度のクオリティで、ある程度客観的にまとめることができたので、自分の中でゴーサインを出しました。この原稿作成を通じて、昔の自分を曖昧にしないで済んだかなと思います。


それにしてもいろいろあった高校二年生でしたね。ボタンが壊れたり、機材が壊れたり……マンガみたいなというか、ある種リアリティのない事故が起こっていて今見るとアホみたいな話です。文章にすると一層嘘っぽく思えるのですが、マジなのが恐ろしい。

改めて自分で読み返してみて、このようなトラブルも含め、高校二年生のどんよりとした時期こそが自分を成長させてくれたのかなと思いました。綺麗事のように聞こえますが割と本気です。

テレビのクイズはいつだって短期決戦で、ガチンコで、容赦ないほどに多くの目に見られています。知識だけではなく、胆力が問われる場だと言えましょう。場の流れや運のたゆたうさまを敏感に感じとった者が、勝負を制します。十七歳の段階でそういった経験をたくさん積んだことは、今思えばめちゃくちゃラッキーでした。


月日は流れ、この原稿を書いている段階の僕は二五歳で、クイズをもう十三年もやっていて、なぜかクイズを使った教育事業の会社をやっています。前回のあとがきでは「まだクイズを楽しく続けてるよ！」というスタンスだったわけですが、仕事にまでなってしまうとは。やはり未来に起こることは想像を超えてきますね。

とはいえ仕事としてではなく、趣味としてのクイズも続けています。今も三つのクイズサークルに入っており、仕事の合間を縫って大会に出て……。極力ガチンコの大会には出たいなと思いつつ、仕事の踏ん張り時が長々と続いていて機会が限られている……そんな状況です。

そして、いまだにクイズは楽しく、ひとつの勝ち負けに夢中になり、嫌な負け方をした帰り道は鬱々とした気分になります。

だから、「クイズはいいよ！　何かの役に立つよ！」なんて薄っぺらいことを万人に言う気にはなりません。あくまで個人の体験として、個人の中で完結する感情で、僕はクイズが好きです。そして、その「好き」のあり方は他人と同じじゃないし、同じである必要もありません。個人的なことととして、今後も気持ちが続く限りは「クイズが好きな人」であることを活かしていきたいな、と思います。

ありがたいことに仕事は多様化し、様々なチャンスをもらえるようになりました。肩書もいろいろと増えてややこしいことになっています。でも、僕個人の心の持ちようは、いつだって「クイズプレイヤー」です。クイズプレイヤーとしてテレビに呼ばれ、YouTube に出て、本を書き、講演をします。もちろん、その場その場で与えられたポジションに対して最適な振る舞いをするべく考えを巡らせます（し、それに応じて役割を変えているつもりです）が、僕個人がオファーをもらえる理由は基本的に「クイズプレイヤー」であるからだ、ということを忘れぬように心がけています。

それを忘れたら、すなわち「伊沢拓司」個人の怠惰（それは往々にして欲望の主張として顕れる）が伸張してきたら、作品作りというチームプレイに支障をきたすはずです。困った時、迷った時は常にクイズプレイヤーとしての自分に戻り、判断する。そんなことを、この本を書いていたら再確認できました。

もう未来予知はしたくないな。当たらないし。二〇一五年なんて最近のように感じてしまいますが、そんな最近に書いたことがもうかなり現実と乖離してる。十年を一昔なんていいますが、現代のスピード感に合わせて改定するなら五年でも二昔くらいのペースなんじゃないでしょうか。テキトーすぎるな。

そんな中でひとつだけ、未来予知ができるとしたなら、おそらく僕はずーっと何かしらの形でクイズプレイヤーでありつづけるでしょう。そして、形はどうあれクイズのことを好きでいるはずです。そうであってほしいなとも思います。

未来について、もうひとつ。

前作を読んでクイズを始めた、という方のお話をちらほら聞きました。ありがとうございます。僕はただ好きなものを好きと言うだけで褒められるんだから楽なもんです。内省的な歌ばかり作るシンガーソングライターのような。ですから個人的なことを僕自身のために書く、というのが本書の基本的なスタンスではありましたが、クイズに興味がある人の何かに響けばいいなと、ちょっと欲張って思ったりもしています。そんな人と対戦できることを、心待ちにしています。


最後に、本書に登場した全ての方に感謝を。いろいろと当時のことを思い出すべく取材させてもらったり、事実確認をお手伝いいただいたりしました。この場を借りて改めて、ありがとうございます。

元号をまたいだ執筆を気長に待ってくださった大門編集長、ありがとうございました。何度も何度も書き直しましたが、スタンスを尊重してくださり感謝しております。

校正・裏とりなどは個人的にお慕い申し上げている歌人・佐々木あららさんにお願いしました。僕の粗雑な原稿をたくさん直してくださり、膨大な検索・裏とりをこなしてくださいました。この本だけでなく、今後にもつながる学びを与えてくださり、ありがとうございます。最近飲みに行けていないので、また中央線沿いでぜひ。

そして今の僕のリアルであるQuizKnockのメンバー、ファンの皆様にも厚く御礼申し上げます。これからもよろしく。

それではこれにて。続編はおそらくありませんが、こんな感じの原稿やエッセイはこれからも折に触れて書いていきたいですね。今後ともよろしくお願いいたします。

二〇二〇年三月　伊沢拓司

〈スペシャルサンクス〉
鈴木耀介　高松慶　西村優樹
池田良博先生　大場悠太郎さん
その他、この本に登場する全ての方々
QuizKnockに携わってくださる皆様

QUIZ JAPAN全書06

東大生クイズ王・伊沢拓司の軌跡 II
～栄光と挫折を超えて～

2020年4月30日 第1刷

著者:伊沢拓司

発行人・編集人:大門弘樹

アートディレクション&装丁:小林博明(Kプラスアートワークス有限会社)

本文デザイン:小林聡美(Kプラスアートワークス有限会社)

印刷・製本:株式会社シナノパブリッシングプレス

発行元:株式会社セブンデイズウォー
〒162-0801 東京都新宿区山吹町335 鈴木ビル5F
TEL:03-5206-6551
http://www.7-days.co.jp/

発売元:株式会社ほるぷ出版
〒101-0061 東京都千代田区神田神保町3丁目2番6号
TEL:03-6261-6691

ISBN978-4-593-31030-2

Printed in Japan
※文中一部敬称略

本書掲載のクイズは二〇二〇年四月時点のものです。

「QUIZ JAPAN」関連書籍のご案内

QUIZ JAPAN vol.1 (SOLD OUT)
¥1,800(税別)
伝説のクイズ番組『アメリカ横断ウルトラクイズ』の総合演出・加藤就一と第13代優勝者・長戸勇人の対談が実現！　また『ワールド・クイズ・クラシック』『THE クイズ神』のスタッフインタビュー、決勝進出者たちによる座談会も収録。

QUIZ JAPAN vol.2
¥1,800(税別)
芸能界の最強クイズ王・ロザン宇治原に『高校生クイズ』2連覇の若きクイズ王・伊沢拓司が緊急インタビュー！　その他、東大・京大の学生クイズ王座談会、初代『アメリカ横断ウルトラクイズ』優勝者・松尾清三インタビューなど。

QUIZ JAPAN vol.3
¥2,200(税別)
『ナナマル サンバツ』をはじめとするクイズ漫画・小説を大特集！　幻のクイズ漫画『ファイト!!』も完全収録！　その他『高校生クイズ』の構成作家・松井尚、『アメリカ横断ウルトラクイズ』音響効果・塚田益章、クイズ女王・村田栄子インタビューなど。

QUIZ JAPAN vol.4
¥2,200(税別)
クイズゲーム『Answer×Answer』、スカパーの人気番組『地下クイズ王決定戦』を大特集！　その他、『なるほど！ ザ・ワールド』の生みの親・王東順、『タイムショック』出題者・矢島正明、AV男優・しみけん×プロインタビュアー・吉田豪との対談など。

QUIZ JAPAN vol.5
¥2,200(税別)
「クイズ番組司会者」を特集!『アメリカ横断ウルトラクイズ』『高校生クイズ』の司会者・福澤朗が舞台裏を明かす5万字超のロングインタビュー！　その他、『クイズプレゼンバラエティーQさま!!』特集、『カルトQ』の司会者・うじきつよし×吉田豪の対談も!!

QUIZ JAPAN vol.6
¥2,200(税別)
乃木坂46・高山一美が、グラビア&インタビューに加え、林家ぺー、能町みね子、水上颯を交えた「ボードゲームグランプリ」に挑戦!!　その他、クイズゲーム特集、『Man of the Year』の歩みを振り返るルポルタージュ、ダンカン×吉田豪の対談も!!

QUIZ JAPAN vol.7

¥2,200(税別)

『Knock Out～競技クイズ日本一決定戦～』『FNS』『史上最強』の制作スタッフや出場者のインタビューから、日本のテレビ史に刻まれた『クイズ王決定戦』の歴史を辿る大特集!吉田豪の「No Quiz,No Life!!」には板東英二が登場!!

QUIZ JAPAN vol.8

¥2,200(税別)

巻頭グラビア&インタビューは東大王・水上颯!『ナナマル サンバツ』『abc』『Knock Out』と「競技クイズ」を総力特集。さらには待望の『第14 回アメリカ横断ウルトラクイズ』同窓会がついに実現! ラサール石井×吉田豪の対談も!

QUIZ JAPAN vol.9

¥2,200(税別)

伊沢拓司の巻頭グラビア&インタビューに始まり、MCのヒロミ×山里亮太の対談、鶴崎修功&鈴木光のインタビューに至る『東大王』大特集号。そのほか『水曜日のダウンタウン』演出家・藤井健太郎×放送作家・矢野了平、渡辺正行×吉田豪の対談も必見!!

QUIZ JAPAN vol.10

¥2,200(税別)

『超逆境クイズバトル!! 99人の壁』を緊急特集! MC・佐藤二朗を筆頭に、X JAPAN Toshlや能町みね子から一般出場者まで徹底取材を敢行! さらに『高校生クイズ』元・総合演出の河野雄平インタビューでは「知力の甲子園」時代の秘話が初めて明かされる!

QUIZ JAPAN vol.11

¥2,200(税別)

巻頭グラビア&インタビューは『東大王』で大活躍中の「美しすぎる東大生」鈴木光! 同じく『東大王』からは、山里亮太×伊沢拓司の対談、東大王候補生(紀野紗良、砂川信哉、林輝幸)インタビューを掲載! そのほか『99人の壁』『平成最後の地下クイズ王決定戦』『QuizKnock』も大特集! 吉田豪の対談企画では、つるの剛士が「クイズヘキサゴンII」での一大ブームを振り返る!